Teoria
do conto

NÁDIA BATTELLA GOTLIB

Teoria
do conto

autêntica

Copyright © Nádia Battella Gotlib
Copyright desta edição © 2025 Autêntica Editora

Uma primeira versão deste texto foi publicada pela Editora Ática em 1985.

Todos os direitos reservados pela Autêntica Editora Ltda. Nenhuma parte desta publicação poderá ser reproduzida, seja por meios mecânicos, eletrônicos, seja via cópia xerográfica, sem a autorização prévia da Editora.

EDITORAS RESPONSÁVEIS
Rejane Dias
Cecília Martins

REVISÃO
Mariana Faria

CAPA
Diogo Droschi

DIAGRAMAÇÃO
Guilherme Fagundes
Waldênia Alvarenga

**Dados Internacionais de Catalogação na Publicação (CIP)
Câmara Brasileira do Livro, SP, Brasil**

Gotlib, Nádia Battella
 Teoria do conto / Nádia Battella Gotlib. -- 1. ed. -- Belo Horizonte, MG : Autêntica Editora, 2025. -- (Textos Singulares)

 ISBN 978-65-5928-507-5

 1. Contos (Gênero literário) 2. Gêneros literários 3. Literatura - Crítica e interpretação I. Título. II. Série.

24-239736 CDD-808.8

Índices para catálogo sistemático:
1. Contos : Gênero literário : Literatura 808.8

Eliete Marques da Silva - Bibliotecária - CRB-8/9380

Belo Horizonte
Rua Carlos Turner, 420
Silveira . 31140-520
Belo Horizonte . MG
Tel.: (55 31) 3465 4500

São Paulo
Av. Paulista, 2.073, Conjunto Nacional
Horsa I . Salas 404-406 . Bela Vista
01311-940 . São Paulo . SP
Tel.: (55 11) 3034 4468

www.grupoautentica.com.br
SAC: atendimentoleitor@grupoautentica.com.br

Com saudades,
ao vô João Gavião,
que encantava a minha infância
com suas histórias surreais.

Com saudades,
ao meu sogro, seu Oswaldo Gotlib,
mineiro de Paracatu,
que morou em Pirapora,
viajou muito pelo rio São Francisco
e me contava histórias do sertão.

Nota da autora

Teoria do conto surgiu no início dos anos 1980, mais precisamente em 1985, atendendo a convite que me foi dirigido por Benjamin Abdala Júnior, editor então responsável pela coleção Princípios, da Ática. Publicado como segundo volume da coleção, teve vida longa. O meu agradecimento ao Benjamin, a quem devo a criação do livro.

Para a edição original, contei com a colaboração de Ana Lúcia Gazzola, que fez tradução para o português de trechos em inglês utilizados na pesquisa e na sua versão impressa. Agradeço a Ana Lúcia pela sua valiosa colaboração.

Foram vários os colegas da Universidade de São Paulo com quem troquei ideias ao longo do projeto e da pesquisa que redundou no livro. O tempo passou. Alguns se foram, e prematuramente, como é o caso do meu amigo João Luiz Lafetá. Mas as marcas de tais conversas ficaram, e a eles, tão presentes na memória, faço um reconhecido agradecimento.

Nos últimos anos, objetivando edição revista e aumentada, acrescentei leitura de teóricos e contistas, mas com o cuidado de não me alongar nas considerações, de modo a preservar a concepção original do livro, marcado por capítulos breves. Nessa fase do trabalho, contei com sugestões de Ricardo Iannace, a quem agradeço.

O meu agradecimento se dirige também a Amanda Caralp, por sua incansável ajuda na pesquisa de referências bibliográficas em livros e anotações que compõem o meu acervo pessoal sobre o assunto. Tais informações, que não figuravam na edição original, decidi incluir na presente edição para facilitar o acesso a tais fontes por parte do público leitor.

E a Rejane Dias, editora, agradeço por receber este livro com sua competente atenção e delicadeza.

13 **Uma teoria muito prática**
Italo Moriconi

19 **A história das histórias**

19 O fio da *estória*

22 "Este inábil problema de estética literária"

24 "Essa alquimia secreta"

27 **O conto: uma narrativa**

27 Três acepções da palavra conto

28 O conto: relato de um acontecimento?
Falso ou verdadeiro?

29 O conto literário

30 A questão da terminologia

33 O conto maravilhoso

33 Uma forma simples (André Jolles)

36 As funções, transformações e origens (Vladimir Propp)

43 Do conto maravilhoso à narrativa em geral

46 Do conto maravilhoso ao moderno:
apenas uma mudança de técnica?

O conto: um gênero?

A *unidade de efeito* (Edgar Allan Poe)

Um conto de E. A. Poe

Com e contra E. A. Poe

A *unidade de efeito* e a *contenção* em Tchekhov

De Guy de Maupassant a A. Tchekhov:
o conto e o enredo

O momento especial

Que momento é esse?

A epifania (James Joyce)

Um conto de Clarice Lispector

Um *flash* dos novos tempos

O conto: a voz de um solitário?

A simetria na construção (Brander Matthews)

O perigo do estereótipo

A questão da *brevidade*

Dos males, o menor

O conto *excepcional* (Julio Cortázar)

O conto, o romance, a fotografia, o cinema

O significativo, a intensidade e a tensão

Uma bolha de sabão

O conto, o poema, o *jazz*

Um conto de Cortázar

Um conto, duas histórias (Ricardo Piglia)

Um conto de Jorge Luis Borges

Do conto ao microconto

A criatividade nas definições do conto

Alguns truques para se escrever... contos (Horacio Quiroga)

O conto: uns casos

Machado de Assis: afinal, qual é o enredo?

115 **Cada conto, um caso**

117 **Bibliografia comentada**
117 Bibliografias
117 Antologias
118 Textos sobre o conto
126 Textos complementares

131 **Vocabulário crítico**

Uma teoria muito prática

Italo Moriconi[1]

A vontade de pesquisar sobre a evolução da arte de escrever contos surge quando descobrimos que estamos apaixonados por eles. Queremos escrevê-los, queremos conhecer e ler seus grandes clássicos, queremos aprender a interpretá-los mais e melhor. Pois um bom conto pode trazer, dentro de sua narrativa curta, mais de uma camada de sentido, mais de uma sensação de surpresa e originalidade para quem o lê. Um bom conto, por menor que seja, é feito de viradas intrigantes e desfecho revelador. É a estética do nocaute no leitor, como a formulou o argentino Julio Cortázar.

A paixão de Nádia Battella Gotlib pela arte do conto vem de longe, vem de onde se enraíza o encanto mais autêntico do conto como gênero literário – a fascinação pelas histórias ouvidas na infância. Para Nádia, como nos

---

[1] É escritor, professor e curador literário. Foi professor de Literatura Brasileira da Universidade do Estado do Rio de Janeiro (UERJ). Organizou a celebrada antologia *Os cem melhores contos brasileiros do século*, uma referência na área. Autor de *Ana Cristina Cesar: o sangue de uma poeta*; *Cartas: Caio Fernando Abreu*; *Como e por que ler a poesia brasileira do século XX*; e da coletânea de ensaios *Literatura, meu fetiche*. Na Autêntica, organizou *Torquato Neto: essencial*.

diz na dedicatória, foram as histórias "surreais" contadas pelo avô, que se desdobraram, em idade adulta, nas do sogro, seu Oswaldo, contando de suas viagens pelo sertão mineiro, do oeste para o leste, de Paracatu a Pirapora, daí o rio São Francisco todo, rumo ao norte baiano. Berço de brasilidade. Um mundo, um manancial de histórias reais ou aumentadas, pois, como reza o provérbio, "quem conta um conto aumenta um ponto".

Talvez os "causos" do seu Oswaldo Gotlib fossem parecidos com os clássicos contos, as novelas e o romance do sertão de Guimarães Rosa, que tudo que escreveu, hoje sabemos, era desentranhado e aumentado das histórias orais por ele ouvidas em suas andanças a cavalo pela região. Onde há um contador de histórias, outros aparecerão, aumentando seus pontos, num rodízio infinito (as histórias são infinitas), até que aparece o letrado e as coloca no papel. É a experiência de contar e ouvir causos assim, orais, na infância as estórias de fadas e heróis, na juventude adolescente as narrativas adaptadas das lendas e mitologias gregas, indígenas, de origem afro. Dessa experiência, nasce a paixão pelo conto e nutre-se o terreno para o desenvolvimento de uma *arte escrita do conto* – o conto literário moderno e suas teorias ao longo do tempo.

O conto literário moderno é uma narrativa *escrita* curta (às vezes não tão curta), que pressupõe ter por trás um cenário de interlocução em que alguém, o narrador, conta para uma pessoa, ou para um grupo delas, uma história única, com poucas ramificações, justamente como se fosse um causo, uma anedota, um fato pitoresco ou inusitado, que merece a atenção *ininterrupta* do ouvinte transformado em leitor ou leitora de literatura. No universo literário, valem tanto os causos reais, devidamente "aumentados", quanto os totalmente inventados, ficcionais. Literatura é primariamente arte da escrita ficcional, de contar o real com os recursos da imaginação. Como diriam o filósofo revolucionário Sartre e o poeta conservador T. S. Eliot, des-realizar o real, para torná-lo mais real.

***

Mas o que significa uma narrativa *curta*? Aí começam os debates. Como gênero literário, conto tem que ser bem menor que romance e não deve ser confundido com o que é chamado de novela literária. Entre um e outra, necessariamente abaixo de ambos em extensão de páginas e tempo de leitura, conto hoje em dia pode ter de meia página, ou menos, até trinta, quarenta páginas ou mais. E em termos de conteúdo? O que distingue um conto de uma crônica? É possível diferenciar técnica e artisticamente um conto longo de uma novela curta, como "O alienista", de Machado de Assis? Dá para precisar a diferença entre um conto curto de tom poético e um poema em prosa longo, de tom narrativo, ambos em torno de página e meia até duas ou três? O que transforma um relato autobiográfico ou mera impressão pessoal em conto? Piada original, escrita e desenvolvida, não dá em conto? Tudo parece tão flexível quando passamos a tentar elencar as características obrigatórias para definir que um texto é conto!

A primeira e grande qualidade deste livro de Nádia Battella Gotlib é fazer o levantamento histórico do debate teórico sobre o tema. Ao lê-lo com prazer (sou apaixonado por contos), depreendo que dois bons critérios iniciais são dados por dois mestres na teoria e na prática do conto: um sistemático e norte-americano, Edgar Allan Poe, lá nos anos 1840; outro intuitivo e resolvedor de problemas, o brasileiro Mário de Andrade, cem anos depois.

De Poe vem a ideia de que conto é uma narrativa que se pode ler do começo ao fim numa sentada só (neste volume, p. 49). Claro que a leitora bem alfabetizada dos séculos 19 e 20, sem TV nem redes, tinha interesse, prazer e energia para ficar uma ou duas horas lendo um conto até o fim, com as pausas de praxe exigidas pelo corpo. Temos na definição de Poe uma valiosa indicação do significado de "curto" adaptável a diferentes modelos históricos na experiência da produção autoral e editorial e no uso/consumo do conto por leitores.

Com o avanço do século 20 para o atual, reduziu-se a disponibilidade das leitoras e leitores para tempos mais longos de concentração, tamanha a rapidez crescente da vida e da comunicação cotidianas. Pensando nas dimensões atualmente mais comuns dentre as massas de livros produzidos, uma narrativa de mais de vinte e cinco a trinta páginas já indica para leitores que tem aí um conto *longo*, um conto que editorialmente poderia ser vendido como novela curta ou até mesmo como minirromance, dependendo da formatação. Conto? Ou simplesmente "ficção", como se usa às vezes, para escapar de qualquer enquadramento definitório? Intuitivamente, eu diria que o padrão de extensão do conto nas últimas décadas fica entre oito a doze páginas ou pouco mais. Com a velocidade do tempo dos TikToks e WhatsApps, nossa modernidade pós-moderna chega ao gosto pelos microcontos, como nos relata Nádia (neste volume, p. 100-103).

E o que é o conto, do ponto de vista da organização de seus conteúdos, ou seja, de suas *formas de narrar*? Nádia já começa citando a bem conhecida e flexível colocação de Mário de Andrade. Para ele, "em verdade, sempre será conto aquilo que seu autor batizou com o nome de conto" ([1938] 1972, p. 5-8). Lacrou! Os temas, tanto os evidentes quanto os ocultos, a perspectiva de ponto de vista de quem conta e quem lê, se é ambiental, introspectivo, de suspense, fantástico ou realista e de que forma esses elementos precisam ser trabalhados: tudo isso engendrou muitas propostas, que se superpõem e se entrecruzam ao longo da história e nos levam à conclusão marioandradina da definição como indefinição. O que faz um conto ser conto é construir sua própria forma singular, mas eficaz para prender leitores de uma sentada só. A definição definitiva é a indefinição. Não há, portanto, a forma ideal. Mas uma multiplicidade de formas possíveis, existentes ou ainda por inventar.

É essa multiplicidade que Nádia Battella Gotlib expõe de maneira impecável e saborosa. A história das teorias do conto, junto com a impressionante precisão, reveladora de sólida pesquisa acadêmica, transformam-se, na escrita de Nádia, numa espécie de "causo" do conto nas esferas da teoria e prática literárias, apresentando ideias e conceitos com clareza e fluidez. O livro atende aos interesses não só de estudantes e professores dos cursos de Letras, Comunicação, História, Artes, como também de qualquer cidadã e cidadão leitores, desejosos de embarcar na aventura da escrita de contos. Cada teoria do conto aqui apresentada abre um horizonte de aproveitamentos práticos para o exercício da escrita de histórias curtas. Ao longo dos séculos, essas teorias, que são verdadeiras doutrinas ou pedagogias do conto, constituíram um balaio de possibilidades de uso. A literatura como modo de usar.

Escrito originalmente para o público universitário dos anos 1980, este livro agora resgatado assume grande atualidade, diante da expansão de oficinas literárias e cursos livres de literatura. Vivemos um momento transformativo, de conquista da palavra escrita por pessoas e grupos sociais antes silenciados. Este *Teoria do conto* é um excelente guia para o fortalecimento desse empenho.

Dos básicos Poe a Maupassant e a Tchekhov, de Joyce a Cortázar e deste a outros argentinos essenciais, como Borges e Ricardo Piglia, os mais relevantes autores são aqui apresentados sem sacrifício de suas nuances, mas com notável capacidade de síntese. Sem se esquecer de dois dos maiores mestres do conto brasileiro, Machado de Assis e Clarice Lispector. E antecipado pela imprescindível visita aos precursores antigos, de valor universal e trans-histórico, das *Mil e uma noites* arábicas à *Odisseia* do grego Homero, daí à *Bíblia* cristã e ao *Panchatantra* indiano (neste volume, p. 20).

A dimensão prática deste livro está também nas análises específicas de um grupo de contos paradigmáticos. São contos exemplares, mas dotados de forte singularidade, pinçados de um universo vastíssimo, que pode ser iluminado por essas análises. Sim, porque analisá-los em recortes detalhados, como Nádia faz aqui, usando a metodologia da leitura *densa* ou *cerrada* (o *close reading*), é o início de um processo de aprendizado qualificado, instrumento para usar daqui para a frente. Só aprendemos a fazer análise literária lendo na prática boas análises literárias. Veja o que temos aqui. Nádia analisa "Os crimes da rua Morgue", de Edgar Allan Poe; "Amor", de Clarice Lispector (a meu ver, um dos melhores contos da literatura brasileira de todos os tempos); "Casa tomada", de Julio Cortázar; "A forma da espada", de Jorge Luis Borges; e, como não poderia deixar de ser, o icônico "Missa do Galo", do mestre maior Machado de Assis. Entradas ricas para o mundo infinito das histórias que contamos, que escrevemos, que lemos vorazmente.

Agregam valor ao volume o vocabulário crítico e a extensa bibliografia comentada. Biscoito fino.

A história das histórias

O fio da *estória*

Mil e uma páginas têm sido escritas para se tentar contar a *história da teoria do conto*: afinal, o que é o conto? Qual a sua situação enquanto narrativa, ao lado da *novela* e do *romance*, seus parentes mais extensos? E mais: até que ponto esse caráter de extensão é válido para determinar sua *especificidade*?

Essas questões instigam outras, mas parece que a *estória* é bem mais antiga que a necessidade de sua explicação. Aliás, o termo *estória* tem seu lugar nos dicionários de língua portuguesa, em que aparece com o sentido de "narrativa popular, narrativa tradicional, 'causo'".[1]

Sob o signo da convivência, a estória sempre reuniu pessoas que contam e que ouvem: em sociedades primitivas,

---

[1] Ver o verbete "Estória" em Aulete (1970, p. 1458). Optei por manter nesses capítulos iniciais o termo *estória* por aí me referir justamente a essas narrativas tradicionais, populares, por vezes chamadas "causos", adequando-se ao seu sentido dicionarizado, e aqui examinadas ao longo de sua história. No entanto, embora esse termo seja usado também para se referir a histórias ficcionais, tal como no título do livro de contos de Guimarães Rosa, *Estas estórias*, uso nos demais capítulos o termo *história* para me referir a narrativas no seu sentido mais amplo, que inclui o conto ficcional ou literário.

sacerdotes e seus discípulos, para transmissão dos mitos e ritos da tribo; nos nossos tempos, em volta da mesa, à hora das refeições, pessoas trazem notícias, trocam ideias e contam casos. Ou perto do fogão de lenha, ou simplesmente perto do fogo. Não foi perto "desse foguinho meu" que a personagem de Guimarães Rosa, em "Meu tio o Iauaretê" (*Estas estórias*), contou a sua estória – a do caboclo que acaba vivendo isolado entre onças, e que de matador de onça virou onça, o jaguar-etê, o totem da sua antiga tribo indígena? A personagem, à beira do fogo e movida a cachaça, percorre, pela estória, ao contrário, a história do seu próprio povo, tentando reconquistar, assim, e inutilmente, o seu *espaço cultural* perdido.

Estórias há de conquistas e de perdas. Estórias que seguem para a frente. Ou para a frente, retornando. Variam de assuntos e nos modos de contar. Desde quando?

Embora o início do *contar estória* seja impossível de se localizar e permaneça como hipótese que nos leva aos tempos remotíssimos, ainda não marcados pela tradição escrita, há fases de evolução dos *modos* de se contar estórias. Para alguns, os contos egípcios – *Os contos dos mágicos* – são os mais antigos: devem ter aparecido por volta de 4.000 anos a.C. Enumerar as fases da evolução do conto seria percorrer a nossa própria história, a história de nossa cultura, detectando os momentos da escrita que a representam. O da estória de Caim e Abel, da *Bíblia*, por exemplo. Ou os textos literários do mundo clássico greco-latino: as várias estórias que existem na *Ilíada* e na *Odisseia*, de Homero. E chegam os contos do Oriente: a *Panchatantra* (VI a.C.), em sânscrito, ganha tradução árabe (VII d.C.) e inglesa (XVI d.C.).

E as *Mil e uma noites* circulam da Pérsia (século X) para o Egito (século XII) e para toda a Europa (século XVIII). Como não nos determos nessa coletânea de mil e um contos, que vem resistindo ao tempo? Pois essas mil e uma estórias desenhavam, no seu modo de organização, o próprio curso da história da estória, nessas estórias que se seguiam, noite após noite, contadas por Sheherazade, que, assim, ia distraindo o rei que a condenara à morte. O plano do rei Shariar era este: desposar uma virgem por noite, que morreria no dia seguinte, para que nenhuma pudesse repetir o ato de traição de sua antiga esposa. Quando Sheherazade conta estórias ao rei, aguça a curiosidade dele. Ele quer continuar a ouvir a estória, na noite seguinte. O *conto*, enquanto *vida*, acaba também *encantando* o rei. E Sheherazade, contando estórias, vai adiando a morte e prolongando a vida.

No século XIV dá-se outra transição. Se o conto transmitido oralmente ganhara o registro escrito, agora vai afirmando a sua categoria estética. Os contos eróticos de Boccaccio, em seu *Decameron* (1350), são traduzidos para tantas outras línguas e rompem com o moralismo didático: o contador procura elaboração artística sem perder, contudo, o tom da narrativa oral. E conserva o recurso das *estórias de moldura*: são todas unidas pelo fato de serem contadas por alguém a alguém. E os *Canterbury tales* (1386), de Chaucer, são contados em uma estalagem por viajantes em peregrinação.

Posteriormente, o século XVI mostra o *Héptameron* (1558), de Marguerite de Navarre. E no século XVII surgem as *Novelas ejemplares* (1613), de Cervantes. No fim do século surgem os registros de contos por Charles Perrault: *Histoires ou contes du temps passé*, com o subtítulo "Contes de ma mère Loye", conhecidos como *Contos da mãe Gansa*. Se o século XVIII exibe um La Fontaine, exímio no contar fábulas, no século XIX o conto se desenvolve estimulado pelo apego à cultura medieval, pela pesquisa do popular e do folclórico, pela acentuada expansão da imprensa, que permite a publicação dos contos nas inúmeras revistas e jornais. Este é o momento de criação do conto moderno quando, ao lado de um Grimm que registra contos e inicia o seu estudo comparado, um Edgar Allan Poe se afirma enquanto contista e teórico do conto.

Portanto, enquanto a força do contar estórias se faz, permanecendo, necessária e vigorosa, através dos séculos, paralelamente uma outra história se monta: a que tenta explicitar a *história dessas estórias*, problematizando a questão desse modo de narrar – um modo de narrar caracterizado, em princípio, pela própria natureza dessa narrativa: a de simplesmente *contar estórias.* Ou histórias.

"Este inábil problema de estética literária"

Tais mil e uma páginas referentes ao problema da teoria do conto poderiam se resumir em algumas *direções* teóricas marcantes: há os que *admitem* uma teoria. E há os que *não admitem* uma teoria específica. Isso quer dizer que uns pensam que a teoria do conto se filia a uma teoria geral da narrativa. E nisso têm razão. Como pensar o conto desvinculado de um conjunto maior de *modos de narrar* ou representar a realidade?

Mas aí surgem diferenciações: embora sujeito às determinações gerais da narrativa, ele teria característica específica de *gênero*, tal como existem características específicas de romance? de teatro? de cinema? de novela de TV? Quais os limites da especificidade do conto enquanto *um tipo determinado de narrativa*? Mais ainda: o que faz com que os contos continuem sendo contos, apesar das mudanças que, naturalmente, foram experimentando no curso da história? Em que aspectos permaneceriam eles fiéis às suas origens?

Essa duplicidade de pontos de vista dos estudiosos acarretou, por exemplo, a divisão em tópicos de um dos livros já antológicos de ensaios sobre o conto – *What is the short story?*, de E. Current-García e W. R. Patrick (1974). Seus organizadores selecionaram textos gerais da bibliografia teórica sobre o conto, divididos entre os que propõem "definições e a procura da forma" e os que manifestam "revolta contra regras e definições prescritivas". Além de "regras" (e de "contrarregras"), aparece um terceiro tópico, em função das múltiplas tendências do conto: "novas direções: liberdade e forma".

Essa mesma distância notamos entre outros autores, contistas e teóricos. O uruguaio Horacio Quiroga estabelece um "Decálogo do perfeito contista": com muita ironia, apresenta normas de como se escrever um bom conto e, consequentemente, postula o que um bom conto deve ter. Já para Mário de Andrade, em "Contos e contistas", "em verdade, sempre será conto aquilo que seu autor batizou com o nome de conto". É a resposta que encontra para essa "pergunta angustiosa: o que é o conto?" e que gera, segundo ele, "este inábil problema de estética literária"[2] (Andrade, 1972, p. 5-8).

De fato, torna-se angustioso problema e inábil tentativa responder a uma questão dessa natureza. Principalmente quando se considera, como Mário de Andrade, que bons contistas, como Maupassant e Machado de Assis, encontraram a "forma do conto". Mas o que encontraram, segundo ainda Mário de Andrade, "foi a forma do conto indefinível, insondável, irredutível a receitas" (Andrade, 1976, p. 8).

---

[2] Lembre-se ainda de que o conto "Vestida de preto", de Mário de Andrade, começa assim: "Tanto andam agora preocupados em definir o conto que não sei si (*sic*) o que eu vou contar é conto ou não, sei que é verdade" (Andrade, 1976, p. 7).

"Essa alquimia secreta"

Vários atentam para a dificuldade de se escrever contos. Machado de Assis, por exemplo, manifesta-se em 1873: "É gênero difícil, a despeito da sua aparente facilidade". E continua:

e creio que essa mesma aparência lhe faz mal, afastando-se dele os escritores e não lhe dando, penso eu, o público toda a atenção de que ele é muitas vezes credor (Machado de Assis, 1973, v. 3, p. 806).[3]

Vários atentam para a dificuldade também de se explicar o conto. Julio Cortázar, em "Alguns aspectos do conto", refere-se a "esse gênero de tão difícil definição, tão esquivo nos seus múltiplos e antagônicos aspectos". Porque se, de um lado, "é preciso chegarmos a ter uma ideia viva do que é o conto", isso torna-se difícil "na medida em que as ideias tendem para o abstrato, para a desvitalização do conteúdo" (Cortázar, 1974, p. 150).

Tratar da *teoria* do conto é aceitar uma luta em que a força da teoria pode aniquilar a própria vida do conto. Que vale a pena tentar, lembrando-nos de Cortázar:

se não tivermos uma ideia viva do que é o conto, teremos perdido tempo, porque um conto, em *última análise*, se move

---

[3] O autor tece considerações sobre esse gênero, ou sobre histórias em geral, nas várias notas introdutórias a seus livros de contos, incluídas em *Obra completa: conto e teatro* (1974, v. 2). É o caso, por exemplo, de seus textos intitulados "Advertência", que antecedem os contos de *Histórias da meia-noite* (p. 160), *Papéis avulsos* (p. 252), *Relíquias da casa velha* (p. 258), *Histórias sem data* (p. 368), *Várias histórias* (p. 476), *Páginas recolhidas* (neste, com o título de "Prefácio", p. 576).

nesse plano do homem onde a vida e a expressão escrita dessa vida travam uma batalha fraternal, se me for permitido o termo; e o resultado dessa batalha é o próprio conto, uma síntese viva ao mesmo tempo que uma vida sintetizada, algo assim como um tremor de água dentro de um cristal, uma fugacidade numa permanência. Só com imagens se pode transmitir essa alquimia secreta que explica a profunda ressonância que um grande conto tem em nós, e que explica também por que há tão poucos contos verdadeiramente grandes (Cortázar, 1974, p. 150-151).

O conto: uma narrativa

Três acepções da palavra conto

Para Julio Casares há três acepções da palavra *conto*, que Julio Cortázar utiliza no seu estudo sobre Poe: (1) relato de um acontecimento; (2) narração oral ou escrita de um acontecimento falso; (3) fábula que se conta às crianças para diverti-las (Cortázar, 1974, p. 123, nota 3).

Todas apresentam um ponto comum: são modos de se *contar* alguma coisa e, enquanto tal, são todas *narrativas*. Pois

> toda narrativa consiste em um discurso integrado numa sucessão de acontecimentos de interesse humano na unidade de uma mesma ação,

afirma Claude Bremond, ao examinar a "lógica dos possíveis narrativos".

De fato, toda narrativa apresenta: (1) uma sucessão de acontecimentos: há sempre algo a narrar; (2) de interesse humano: pois é material de interesse humano, de nós, para nós, acerca de nós: "e é em relação com um projeto humano que os acontecimentos tomam significação e se organizam em uma série temporal estruturada"; (3) e tudo "na unidade de uma mesma ação" (Bremond, 1971, p. 113).

No entanto, há vários modos de se construir essa "unidade de uma mesma ação", neste "projeto humano" com uma "sucessão de acontecimentos".

O conto: relato de um acontecimento?
Falso ou verdadeiro?

O *contar* (do latim *computare*) uma estória, em princípio, oralmente, evolui para o registrar as estórias, por escrito. Mas o *contar* não é simplesmente um *relatar* acontecimentos ou ações. Pois *relatar* implica que *o acontecido seja trazido outra vez*, isto é: *re* (outra vez) mais *latum* (trazido). Por vezes é trazido outra vez por alguém que ou foi testemunha ou teve notícia do acontecido.

O conto, no entanto, não se refere só ao acontecido. Não tem compromisso com o evento real. Nele, realidade e ficção não têm limites precisos. Um relato, copia-se; um conto, inventa-se, afirma Raúl Castagnino, em seu livro *Cuento-artefacto y artifícios del cuento* (1977). A essa altura, não importa averiguar se há *verdade* ou *falsidade*: o que existe é já a ficção, a arte de inventar um modo de se representar algo. Há, naturalmente, graus de proximidade ou afastamento do real. Há textos que têm *intenção* de registrar com mais fidelidade a realidade nossa.

Mas a questão não é tão simples assim. Trata-se de registrar *qual* realidade nossa? A nossa cotidiana, do dia a dia? Ou a nossa fantasiada? Ou ainda: a realidade *contada* literariamente, justamente por isto, por usar recursos *literários* segundo as intenções do autor, sejam estas as de conseguir maior ou menor fidelidade, não seria já uma invenção? Não seria já produto de um autor que as elabora enquanto uma criação sua? Há, pois, diferença entre um simples relato, que pode ser um documento, e a literatura. *Literatura não é documento*. É literatura. Tal qual o conto, pois. O conto literário.

O conto literário

A história do conto, nas suas linhas mais gerais, pode se esboçar a partir deste critério de invenção, que foi se desenvolvendo. Antes, a criação do conto e sua transmissão oral. Depois, seu registro escrito. E, posteriormente, a criação de contos por escrito, quando o narrador assumiu a função de contador-criador-escritor de contos, afirmando, então, o seu caráter *literário*.

A *voz* do contador de histórias pode sofrer interferências no seu discurso oral. Há todo um repertório no *modo de contar* e nos *detalhes* do modo como se conta – entonação de voz, gestos, olhares, ou mesmo algumas palavras e sugestões –, repertório que é passível de ser elaborado pelo contador no seu trabalho de conquistar e manter a atenção do seu auditório.

Recursos *criativos* também podem ser utilizados na passagem do conto oral para o escrito, isto é, no registro dos contos orais: qualquer mudança que ocorra, por pequena que seja, interfere no conjunto da narrativa. Mas essa *voz* que fala ou escreve somente se afirma como *contista* quando existe um resultado de ordem estética, ou seja: quando consegue construir um conto que ressalte os seus próprios valores enquanto conto, nessa que já é, a esta altura, a *arte do conto*, do conto literário. Por isso, nem todo *contador de histórias* é um *contista*.

Esses embriões do que pode ser uma arte só se consolidam mesmo em uma obra estética quando a voz do *contador* ou *registrador* se transforma na voz de um *narrador*: o narrador é uma criação da pessoa; escritor, é já "ficção de uma voz", na feliz expressão de Raúl Castagnino, que, aparecendo ou mais ou menos, de todo modo, dirige a elaboração da narrativa que é o *conto*.

Modos variados de narrar por vezes se agrupam, de acordo com alguns pontos característicos, que delimitam um *gênero*. Se apresentam algumas tantas características, podem pertencer a este ou a aquele gênero: podem ser, por exemplo, romances, poemas ou dramas. Convém considerar que essa "classificação" também tem sua história. Há fases em que ela se acentuou: a dos períodos clássicos, por exemplo (a Antiguidade greco-latina, a Renascença), em que há para cada *gênero* um *público* e um repertório de *procedimentos* ou *normas* a ser usado nas obras de arte. E há períodos em que esses limites se embaralham, em que se dilatam as possibilidades de misturar características dos vários gêneros e atingir até a dissolução da própria ideia de *gênero* e de *normas*: é o que acontece progressivamente do Romantismo até o Modernismo.

O *limite* dos gêneros torna-se um problema. Lembre-se ainda de que houve um tempo em que vários modos de hoje comungavam em um mesmo gênero, sem especificações. Isso gera algumas confusões, que se refletem na terminologia.

A questão da terminologia

Veja-se o exemplo do inglês. *Novel*, usada do século XVI ao XVIII, como prosa narrativa de ficção com personagens ou ações representando a vida diária, diferenciava-se do *romance*, forma mais longa e mais tradicional. No século XIX, com o declínio do *romance* antigo, de reminiscências medievais, a *novel* preencheu o espaço disponível, perdeu as associações originais, deixou de ser breve, virou *romance*. Hoje, *novel*, em inglês, é *romance*. E só no século XIX surge um termo específico para a história curta, a *short story*. Há ainda a *long short story*, para a novela. E o *tale*, para o conto e o conto popular.

Para alguns, a *novela* vem do italiano *novella*, ou seja, pequenas histórias. Em Boccaccio, a *novella* era breve, não mais de dez páginas, opondo-se ao *romance* medieval, forma mais longa e difusa, que desenvolvia uma intriga amorosa completa. E Boccaccio chama seus textos indistintamente de "histórias, relatos, parábolas, fábulas". Esse conjunto de formas menores por vezes é chamado épica *menor*, para diferenciá-las das grandes epopeias, como *Os Lusíadas*, de Camões.

Modernamente, sabe-se que *fábula* é a história com personagens animais, vegetais ou minerais, tem objetivo instrutivo e é muito breve. E se a *parábola* tem homens como personagens, e se tem sentido realista e moralista, tal como a fábula, o sentido não é aparente e os detalhes de personagens podem ser simbólicos. O *conto* conserva características destas duas formas: a economia do estilo e a situação e a proposição temática resumidas.

O termo *novel* passa para o espanhol. Cervantes escreve suas *Novelas ejemplares*, em 1621, e essas experimentam, já, um processo de extensão. E Lope de Vega escreve então *novelas* que são, segundo ele, anteriormente chamadas *cuentos*: "*éstos se sabían de memoria, y nunca que me acuerde, los vi escritos*" (Lope de Vega, 2003, p. 73). Atualmente, romance é *novela*. Novela é *novela corta*. E conto é *cuento*.

Atente-se, ainda, para a distinção entre *nouvelle* e *conte*, no francês, usados indistintamente por La Fontaine, em 1664.

E houve naturalmente uma distinção: *conte* é mais concentrado, com episódio principal, forma remanescente da tradição oral, e frequentemente com elementos de fantasia. Seria o *conto popular*. A *nouvelle* seria a forma mais complexa, com mais cenas, apresentando série de incidentes para análise e desenvolvimento da personagem ou motivo. Mas a confusão continuaria: Maupassant chama suas *nouvelles* de *contes*. Hoje, são os termos franceses que mais se aproximam do que temos em português: usam-se *roman*, *nouvelle* e *conte* para os nossos, respectivamente, romance, novela e conto.

Na Alemanha, a *novelle* tem desenvolvimento linear, com um ponto de interesse chocante. Mas ela se torna mais extensa, e surge então a necessidade de um termo para designar a narrativa realmente curta: a *kurz geschichte*. E ainda há *märchen* para o conto popular. E *roman* para romance.

É nos Estados Unidos que o termo *short story* se afirma e, desde 1880, designa não somente uma *história curta*, mas também um *gênero independente*, com características próprias. No entanto, a confusão terminológica predominava. O contista Washington Irving usava os temos *tale* e *sketch*, enquanto *tale* seria usado por Poe, Hawthorne e Melville, de forma distinta ao uso de *short story*, considerada por alguns como forma de fundo mais realista. Esses termos ganham fisionomia mais definida. O termo *sketch* passa a se referir à narrativa descritiva, estática, representando um estado: como é ou está alguém ou alguma coisa, com personagens não envolvidas em cadeia de eventos; são *retratos* ou *quadros* ou *caracteres soltos*. O terno *yarn* aplica-se a anedotas: um único episódio fragmentário, que pode ter acontecido com alguém, contado em linguagem coloquial.

E *tale* seria uma anedota aumentada, seja ela ficção ou não. Ou o conto popular.

As formas híbridas, incentivadas no século XIX, podem conservar mais ou menos o caráter épico do conto. O *conto em verso* continua ligado ao *epos*, pois traz, segundo Raúl Castagnino, "um universo verbal que imita ações e pessoas, que organiza um argumento, que relaciona componentes" (Castagnino, 1977, p. 66). Pode ser recontado, indefinidamente, legitimando sua condição narrativa e preservando algumas das consideradas *chaves* do conto, como se verá adiante (o impulso único, a tensão unitária, o efeito preciso e inesperado). Já o *poema em prosa* afasta-se da épica e aproxima-se da *lírica*: mesmo que ele conte uma história, é impossível recontá-la sem que se perca sua força centrada no *poético*, por meio, entre outros recursos, das imagens e das suas múltiplas sugestões.

No entanto, o que faz o conto – seja ele de acontecimento ou de atmosfera, de moral ou de terror – é o *modo* pelo qual a história é contada. E que torna cada elemento seu importante no papel que desempenha nesse *modo de o conto ser*. Como bem formulou o contista Horacio Quiroga, ao alertar para alguns "truques" do contista: "Em literatura a ordem dos fatores altera profundamente o produto" (Quiroga, 1970, p. 68).

O conto maravilhoso

Uma forma simples (André Jolles)

O conto, segundo a terceira acepção de Julio Casares, entendido como "fábula que se conta às crianças para diverti-las", liga-se mais estreitamente ao conceito de *história* e do *contar histórias*, e refere-se, sobretudo, ao *conto maravilhoso*, com personagens não determinadas historicamente. E narra como "as coisas deveriam acontecer", satisfazendo assim uma expectativa do leitor e contrariando o universo real, em que nem sempre as coisas acontecem da forma como gostaríamos que acontecessem (Cortázar, 1974, p. 123).

Esse é o sentido que lhe atribui André Jolles, para quem o *conto*, ao lado da *legenda*, *saga*, *mito*, *adivinha*, *ditado*, *caso*, *memorável* e *chiste*, é uma "forma simples" isto é, uma forma que permanece através dos tempos, recontada por vários, sem perder sua "forma" e opondo-se, pois, à "forma artística", elaborada por um autor (única, portanto), e impossível de ser recontada sem que perca sua peculiaridade.

Esse conto, segundo Jolles, não pode ser concebido sem o elemento "maravilhoso" que é a ele imprescindível. As personagens, os lugares e os tempos são indeterminados historicamente: não têm precisão histórica. Lembre-se do "Era uma vez..." que costuma iniciar contos desse tipo. E o conto obedece a uma "moral ingênua", que se opõe ao trágico real. Não existe a "ética da ação", mas a "ética do acontecimento": as personagens não fazem o que devem fazer. Os acontecimentos é que acontecem como deveriam acontecer. Esse conto é transmitido, oralmente ou por escrito, através dos séculos. Porque pode ser recontado com "as próprias palavras", sem que o seu "fundo" desapareça. Pelo contrário, qualquer um que conte o conto manterá a sua forma, que é a do conto, a sua "forma simples", e não a sua, de um autor particular. Daí o conto ter como característica justamente essa possibilidade de ser fluido, móvel, de ser entendido por todos, de se renovar nas suas transmissões, sem se desmanchar: caracterizam-no, pois, a *mobilidade*, a *generalidade*, a *pluralidade*.

Novela é que é, para Jolles, a "forma artística", que poderia corresponder ao nosso atual *conto literário*. Porque a *novela* leva a marca do *eu* criador, é produto de uma personalidade em ação criadora, que tenta representar uma parcela peculiar da realidade, segundo seu ponto de vista único, compondo um universo fechado e coeso, sólido. Daí ela caracterizar-se por essa *solidez, peculiaridade* e *unicidade*. E, ainda, por ser alimentada por um "acontecimento impressionante", tônica que persiste desde as suas origens mais remotas, na forma da *novela toscana* praticada por Boccaccio no seu *Decameron*:

> a novela toscana procura, de modo geral, contar um fato ou incidente impressionante de maneira tal que se tenha a impressão dum acontecimento efetivo e, mais exatamente, a impressão de que esse incidente é mais importante do que as personagens que o vivem (Jolles, 1976, p. 189).

Nesse caso, a *novela*, segundo Jolles, estaria próxima do chamado *conto de acontecimento*.

Essa novela toscana adotou também o procedimento da *narrativa de moldura*, que já existia anteriormente e que vai persistir em muitas coletâneas de contos (ou novelas?): tais narrativas se encontram ligadas por um *quadro* que assinala, entre outras coisas, *onde, quando* e *por quem são* contadas.

Pois essas *novelas* (toscanas e de moldura) foram sofrendo modificações nos séculos XVI e XVII, ou seja, houve progressiva separação entre elas e os *contos*, pelo abafamento da *novela* e afloramento dos *contos*, os maravilhosos, que são registrados por Charles Perrault, em 1697, nos seus *Contos da mãe Gansa*. Esses não são mais uma narrativa-moldura, mas deixam transparecer um dos seus recursos: Perrault apresenta-os como sendo contados por seu filho, que os ouviu contar por uma velha ama.

Os contos maravilhosos são registrados também e especialmente por Grimm, em 1812, na sua coletânea *Kinder-und Hausmärchen* (Contos para crianças e famílias), obra fundamental para a verificação dessas "formas simples" do conto. Pois, de acordo com André Jolles,

> Jacob Grimm percebeu no conto um "fundo" que pode manter-se perfeitamente idêntico a si mesmo, até quando *é* narrado por outras palavras (Jolles, 1976, p. 188).

O *conto simples*, ou maravilhoso, e o *conto artístico* — que era chamado, a princípio, *novela toscana* e *de moldura* — são, pois, duas realidades narrativas diferentes. Um é sempre um, apesar das variações que nunca atingem o fundamento da sua forma. É bastante significativo esse seu poder de resistência, vencendo as variações possíveis, sem perder sua estrutura fundamental. Outro é sempre outro, a cada narrativa, que nunca se repete e que é peculiar a seu único autor.

As funções, transformações e origens (Vladimir Propp)

As funções

A permanência das *formas simples* do conto maravilhoso para a qual Grimm alertou (1812) e que André Jolles desenvolveu (1929) foi minuciosamente examinada por Vladimir Propp, em *A morfologia do conto* (1928), segundo os moldes do formalismo russo. Propp estudou as *formas* para determinar as *constantes* e *variantes* dos contos, comparando suas *estruturas* e *sistemas*.

Para o acadêmico e folclorista de São Petersburgo, era preciso, antes de qualquer coisa, *descrever* os contos. Como estabelecer teses sobre a *origem* dos contos e determinar *tipos* de conto antes de se saber *o que é* o conto?

Por não saber qual a estrutura dos contos maravilhosos é que o teórico russo rejeitou classificações, como a que divide os contos em: histórias fantásticas, histórias tomadas da vida cotidiana e histórias de animais (de U. F. Miller). Ou a que tenta dividi-los por assuntos – contos de animais, contos propriamente ditos, contos jocosos (de Antti Aarne) –, sem especificar na verdade o que é *assunto* e o que é *variação* de um assunto, e a possibilitar o enquadramento de um conto em mais de um tipo entre esses três.

A uniformidade específica do conto não se explica, pois, segundo Vladimir Propp, por *temas* (A. Aarne), por *motivos* (Veselovski), por *assuntos* (Volkov), ainda que eles se repitam, mas por *unidades estruturais* em torno das quais esses elementos se agrupam.

Para estabelecer o que é o conto – entenda-se aqui o *conto maravilhoso* –, Vladimir Propp determina, então, uma "morfologia do conto". Isto é: faz uma *descrição* do conto segundo as *partes* que o constituem e segundo as *relações* dessas partes entre si e dessas partes com o conjunto do conto.

Partindo da análise da ação das personagens, constata que há *ações constantes*, que ele chama de *funções*; função seria, então, "a ação de uma personagem, definida do ponto de vista do seu significado no desenrolar da intriga" (Propp, 1978, p. 60). Essas funções ou ações constantes são independentes das personagens que as praticam e dos modos pelos quais são praticadas. Isto é, as mesmas ações são praticadas por personagens diferentes e de maneiras diferentes.

Examinando os contos russos, o pesquisador encontrou cerca de *150 elementos* que compõem o conto e *31 funções* constantes, cuja sucessão, no conto, é sempre idêntica.

O conto maravilhoso seria, então, o que apresenta essas funções em determinada ordem de sequência, que não se altera. É possível que um conto não apresente todas as funções. Mas é impossível que a ordem das funções que aparecem no conto seja modificada. Esses processos ou passagens de uma função a outra são os *movimentos* do conto. Analisar o conto implica determinar também esses seus movimentos.

Basta nos lembrarmos de qualquer conto maravilhoso, ouvido na infância ou depois dela, para reconhecermos, de imediato, certas funções que Vladimir Propp enumera, num total de trinta e uma. Em "O Chapeuzinho Vermelho", por exemplo, há a função da *ausência* de um dos membros da família (o Chapeuzinho), que é a primeira função determinada por Vladimir Propp. E há também uma *ordem* que lhe é dada (pela mãe); o *engano* da vítima (pelo lobo, que irá devorá-la); a *salvação* do herói (pelo caçador); a *punição* do antagonista (morte do lobo).

Assim como encontra 31 funções, o teórico encontra também *sete personagens*, cada uma com sua "esfera de ação"; a saber: o antagonista ou agressor, o doador, o auxiliar, a princesa e seu pai, o mandatário, o herói e o falso herói.

A essa altura, Vladimir Propp pode afirmar o que é o conto maravilhoso:

> Podemos chamar conto maravilhoso, do ponto de vista morfológico, a qualquer desenrolar de ação que parte de uma malfeitoria ou de uma falta [...] e que passa por funções intermediárias para ir acabar em casamento [...] ou em outras funções utilizadas como desfecho (Propp, 1978, p. 144).

Mas se tais funções viessem *contadas* em mil páginas, ainda continuariam sendo um *conto* maravilhoso? Vladimir Propp não se preocupa com o problema da *extensão*.

Está apenas interessado em determinar as *ações* e *personagens constantes* nos contos maravilhosos que examina.

As transformações

Se "a vida real não pode destruir a estrutura geral do conto", ela *modifica* ou *transforma* o conto: é o que Vladimir Propp examina no seu trabalho intitulado "As transformações dos contos fantásticos". Pois se existe uma *forma fundamental* do conto, que está ligada, aliás, às suas origens religiosas, existem também, segundo esse autor, as *formas derivadas,* que dependem da realidade em que o conto aparece e das determinações de ordem cultural.

E para se chegar a alguma conclusão sobre o conto maravilhoso, em nível internacional, torna-se preciso, também, examinar formas fundamentais e derivadas do conto de um povo. Depois, as de outro. E confrontá-las. Para se poder responder à questão: de que teor seriam essas transformações?

O teórico conclui que há *vinte casos de transformações* de elementos do conto fantástico, que se fazem ou por *alteração* da forma fundamental, reduzindo, deformando, invertendo, intensificando ou enfraquecendo as ações das personagens; ou por tipos de *substituição* e *assimilação.*

Restaria ainda uma outra questão: como distinguir entre o que é da *fonte* no conto maravilhoso e o que é *aquisição* posterior? Se essa diferença é a base para reconhecer as transformações do conto, ela será examinada mais detidamente pelo autor no seu livro *Las raíces históricas del cuento.*

As origens

A pesquisa de Vladimir Propp é coerente com seu programa. Se já desenvolvera o estudo da estrutura dos contos e o das mudanças dos contos, irá desenvolver o estudo das origens, em *Las raíces históricas del cuento* ([1946] 1972): os elementos do conto serão então estudados em função de suas *fontes*.

O autor reconhece duas fases na evolução do conto. Uma primeira, sua pré-história, em que o conto e o relato sagrado – conto/mito/rito sagrado – se confundiam. Entende *mito* no sentido de "relato sobre a divindade ou seres divinos em cuja realidade o povo crê". E *rito*, tal como *costume* e segundo Engels, ou seja, como "atos ou ações cuja finalidade é operar sobre a natureza e submetê-la" (Propp, 1972, p. 30).

Nessa *fase religiosa*, os mais velhos *contavam* aos jovens suas origens, para informá-los dos sentidos dos atos a que estavam submetidos: para justificar as proibições que lhes eram feitas, por exemplo. O *relato* fazia parte do ritual religioso, do qual constituía uma parte imprescindível. E havia proibição de narrar *alguma coisa*, porque o *narrar* estava imbuído de funções mágicas, que não eram permitidas a todos. Nem estes podiam narrar tudo.

Portanto, de acordo com Vladimir Propp:

> o relato faz parte do cerimonial, do rito, está vinculado a ele e à pessoa que passa a possuir o amuleto; é uma espécie de amuleto verbal, um meio para operar magicamente o mundo (Propp, 1972, p. 528).

Narrar e *viver* mais uma vez se acham estreitamente ligados, mas não como nas *Mil e uma noites*. Porque aqui *narrar* implica *morrer*. Em algumas tribos, o *relatar* implicava sacrificar uma parte da vida do narrador, apressando-lhe o final. Consequentemente, se não quisesse morrer, não contava. E se não se importasse mais com a morte, contava.

Diz um habitante de uma tribo, estudada por Dorsey (citado por Vladimir Propp): "Sei que meus dias estão contados [...] Não há razão nenhuma para que não conte tudo que eu sei" (Propp, 1972, p. 529).

E o teórico conclui que a maior parte dos motivos dos contos se refere a dois ciclos ritualísticos: o da *iniciação* e o das *representações* da *morte*, os quais, por vezes, se confundem e se intercambiam mutuamente.

Uma segunda fase de que fala Vladimir Propp é a da *história* mesma do conto, quando ele se libera da religião e passa a ter vida própria. O relato *sagrado* torna-se *profano*. Os narradores, antes sacerdotes ou pessoas mais velhas, passam a ser pessoas quaisquer. Os relatos perdem seu significado religioso. E os contos são contados "como se contam os contos". Nessa nova vida,

> livre dos convencionalismos religiosos, evade-se na livre atmosfera da criação artística que recebe seu impulso de fatores sociais que já *são* outros diferentes e começa a viver uma vida exuberante (Propp, 1972, p. 531).

Quando, precisamente, se dá essa passagem é que é impossível determinar.

A investigação do folclore, desenvolvida por Vladimir Propp, seguindo a linha do materialismo marxista, busca explicação dos fatos no exame da realidade histórica do passado: a origem religiosa dos contos. Investiga a conexão do folclore com a economia da vida material: esta é que gera determinados mitos, ritos e contos. O rito desaparece, segundo o pesquisador russo, quando desaparece a caça como único e fundamental recurso de subsistência. E atribui à sociedade, com ou sem castas, o destino da arte folclórica/

popular. Assim, o conto maravilhoso consta, segundo ele, de elementos que remontam a fenômenos e representações existentes na sociedade anterior às castas. E o conto, depois, passa a ser patrimônio das classes dominantes, como na Idade Média, quando foi manipulado de cima para baixo.

Esse princípio é o que lhe permite também considerar (aliás, logo no início do seu livro) dois tempos no conto folclórico da Rússia: antes e depois da Revolução. Antes, o folclore era criação de classes *oprimidas*; depois, é criação verdadeiramente *popular*.

Mas não haveria uma parecença entre contos de diversos povos porque existiria uma disposição semelhante da psique humana, através dos tempos? Essa pergunta, aliás, poderia funcionar como explicação na linha antropológico-psicana-lítica. A questão, nesse caso, estaria no exame da narrativa enquanto elaboração de um sujeito.

Para Vladimir Propp, o rito referente à morte admitia a viagem dos mortos e a transmigração das almas. Ora, como consequência, haveria a perda – do corpo, da terra, da vida. Essa *perda*, gravada na memória coletiva, não geraria o *desejo* em relação ao perdido? É para o que alerta Adriano Duarte Rodrigues, no prefácio à edição portuguesa de *Morfologia do conto*, em que reconhece uma semelhança entre os princípios que regem as modificações do conto descobertas por Vladimir Propp ("redução" e "amplifi-cação", por exemplo) e os processos da *economia onírica* examinados por Sigmund Freud, o qual vai reconhecer os sonhos como forma de recriar a realidade ("condensação" e "deslocamento", por exemplo). O crítico alerta, assim, para toda uma "economia do desejo" relativa ao narrador no seu ato de fala, que "a *Morfologia do conto* deixa intacta" (Rodrigues, 1983, p. 31).

Não é essa a preocupação de Vladimir Propp, que procura e encontra as *fontes* do conto no exame da realidade histórica do passado religioso, em vez de se ater à psicologia dos religiosos.

De toda forma, fica a questão levantada pelo prefaciador: "Como passar então das funções das personagens e das suas qualificações para o narrador?" (Rodrigues, 1983, p. 31). E ainda: afinal, o que *motivou* os contos a serem como são, mesmo na sua manifestação primeira, sob a forma de mitos e ritos?

Do conto maravilhoso à narrativa em geral

A descoberta por Vladimir Propp de *ações constantes* e das *sete personagens* do conto maravilhoso estimulou outros estudos na área da linguística, da antropologia, da etnografia, do folclore e da semiótica. É o caso do antropólogo Claude Lévi-Strauss, que, em *Antropologia estrutural,* livro publicado em 1958, desenvolve um estudo da estrutura do pensamento mítico (Lévi-Strauss, 1967). Examina como, a partir, inclusive, de variantes do mito de Édipo, ocorre no mito a superação de oposições profundas ou conflitos que seriam de outra forma irreconciliáveis.

Nos anos 1960 os estudos de Algirdas Julius Greimas e Claude Bremond, entre outros teóricos, transferem os princípios de Vladimir Propp, reexaminados e com modificações, para a análise da narrativa em geral.

Algirdas Julius Greimas examina a distribuição dos papéis ou da atuação das personagens, a partir da relação sintática sujeito/objeto (usa funções do conto segundo Vladimir Propp e as do teatro segundo Étienne Souriau), determina três tipos de "categorias atuacionais" ou três tipos de relação das personagens em função de uma ação: sujeito *versus* objeto, destinador *versus* destinatário, adjuvante *versus* oponente. Acasalando algumas das funções de Vladimir Propp, reduz as trinta e uma funções a vinte. Agrupa as funções também por oposição, como: interrogação *versus* resposta. E acaba por reduzir as funções a duas: a ruptura da ordem e a alienação; e a restituição da ordem. Não é nada difícil reconhecer esses dois momentos em uma narrativa. Nos romances românticos, poderiam ser representados por: (1) obstáculos à união do par amoroso; (2) o final feliz, mediante a união dos dois (Greimas, 1973).

Claude Bremond elege também, no seu texto "A lógica dos possíveis narrativos", e a partir de Vladimir Propp, regras gerais para o desenvolvimento de toda a narrativa. Reconhece uma sequência elementar no conjunto de três funções: uma que abre a possibilidade do processo, uma que realiza tal possibilidade e uma que conclui o processo, com sucesso ou fracasso. No romance romântico teríamos esses três tempos bem delimitados. E também em vários contos, como em alguns de Clarice Lispector, em que há um momento de *ordem,* um momento de *desordem interior* e um momento de retorno à *ordem* primeira, com alguns ganhos e algumas perdas – como veremos no próximo capítulo.

Também Viktor Chklovski, em "A construção da novela e do romance" (1971), examina várias *tramas*, ou seja, modos pelos quais os elementos da novela e romance se organizam. Examina a *trama* em função de uma *novela-padrão*, em que ocorre sempre, por exemplo, não uma só ação, mas reação ou falta de coincidência para que o enredo se desencadeie. Amor feliz não faz novela ou romance, a não ser em oposição às novelas tradicionais, em que o amor é insatisfeito e há que vencer obstáculos para se conquistar a felicidade.

O autor descreve vários tipos de *trama*, em *combinações* diferentes dos seus elementos: ligados entre si (em cadeia) por projeções e oposições (em plataformas). Dada a variedade das possibilidades, chega a conclusões gerais, sem conseguir uma definição do que seria esta *novela* (ou conto) e *romance*, tal qual Vladimir Propp conseguiu para o conto maravilhoso.

A que se deve a dificuldade de classificação? Talvez por que os contos modernos se afastam de certas ações *constantes* ou fundamentais, desdobrando-se em tantas outras ações miúdas, de nossa realidade cotidiana? Afinal, qual o princípio regente dessa *variedade* de contos que não favorece mais uma classificação segundo determinados padrões? Seria por causa da própria multiplicidade de experiências que rege os "tempos modernos"?

Já Boris Eikhenbaum, em "O. Henry and the Theory of the Short Story" (1978), ao analisar o conto do norte-americano O. Henry, estabelece uma definição entre novela (ou conto) e romance. Pois observa que essas duas formas nada têm a ver uma com a outra. Têm *origens* diferentes. O romance vem da história e do relato de viagens. A novela, do conto (maravilhoso?) e da anedota.

O estudo da lógica dos contos russos, que propiciou o estudo da lógica da narrativa, evolui ainda para o estudo da lógica de outras formas de outros tantos objetos visuais: é o caso, por exemplo, da leitura de uma praça ou de uma cidade, mediante análise dos elementos que as compõem nas suas relações e como representação cultural de uma situação histórica. O repertório das *ações constantes* detectadas nos contos maravilhosos por Vladimir Propp desencadeou, pois, tal como observa Adriano Duarte Rodrigues, um estudo cada vez mais amplo da "lógica das formas culturais", de modo a desenvolver uma "semiótica do mundo".

Do conto maravilhoso ao moderno: apenas uma mudança de técnica?

O que caracteriza o conto é o seu movimento enquanto uma narrativa através dos tempos. O que houve na sua história foi uma mudança de técnica, não uma mudança de estrutura: o conto permanece, pois, com a mesma estrutura do conto antigo; o que muda é a sua técnica. Essa é a proposta, discutível, de A. L. Bader ([1945] 1976), que se baseia na evolução do *modo tradicional* para o *modo moderno* de narrar. Segundo o modo tradicional, a ação e o conflito passam pelo desenvolvimento até o desfecho, com crise e resolução final. Segundo o modo moderno de narrar, a narrativa desmonta esse esquema e fragmenta-se em uma estrutura invertebrada (Bader, 1976, p. 107-115).

De fato, a arte *clássica* (do período greco-latino) e a de seus imitadores (da Renascença, no século XVI, ou do Classicismo, no século XVII) tinham *eixos fixos* que determinavam os valores da arte, como os do equilíbrio e da harmonia, que eram reunidos em princípios ou normas estéticas a serem *aprendidas* e *imitadas* por outros. Uma delas era esta: a de se obedecer à ordem de início, meio e fim na história; outra seria a regra das três unidades: uma só ação, num só tempo de um dia e num só espaço. Algumas dessas regras já apareceram na *Poética*, de Aristóteles.

Com a complexidade dos novos tempos, e devido em grande parte à Revolução Industrial, que vai progressivamente se firmando desde o século XVIII, o caráter de *unidade* da *vida* e, consequentemente, da *obra,* vai se perdendo. Acentua-se o caráter da *fragmentação* dos valores, das pessoas, das obras. E nas obras literárias, das palavras, que se apresentam sem conexão lógica, soltas, como átomos (segundo as propostas do Futurismo, a partir, sobretudo, de 1909). Essa realidade, desvinculada de um antes ou um depois (início e fim), solta nesse espaço, desdobra-se em tantas configurações quantas são as experiências de cada um, em cada momento.

Antes, havia um modo de narrar que considerava o mundo como um *todo* e procurava traduzir essa integridade. Depois, perde-se esse ponto de vista fixo e passa-se a duvidar do poder de representação da palavra: cada um expressa parcialmente uma parte do mundo que, às vezes, é uma minúscula parte de uma realidade só dele (ver Rosenfeld, 1973, p. 75-97).

O que era verdade para todos passa ou tende a ser verdade para um só. Nesse sentido, evolui-se do *enredo* que dispõe um acontecimento em ordem linear, para um outro, diluído nos *feelings*, nas sensações, percepções, revelações ou sugestões íntimas... Pelo próprio caráter deste *enredo*, sem ação principal, os mil e um estados interiores vão se desdobrando em outros.

A questão não é, pois, *ser ou não ser* a favor do enredo (ou *plot*, em língua inglesa). É admitir que há contos em que a *ação é mais* ou *menos* importante, por injunção da própria história da história. Sherwood Anderson afirmava que "o *plot* envenena todo conto" (Anderson, 1974, p. 70). Já L. A. Bader apoia esse ponto de vista, mas não para condenar o *plot*, e sim "o mau uso do *plot*, o enredo com sentimentalismo, que torna a narrativa artificial" (Bader, 1976, p. 110).

O teórico, contista e professor de literatura Sean O'Faolain reconhece mudança na *natureza* do incidente, do argumento, do enredo: passa-se a uma aventura da mente, ao *suspense* emocional ou intelectual, ao *suspense* mais estranho, ao clímax a partir de elementos interiores da personagem, ao desmascaramento do herói não mais pelo vilão e sim pelo autor ou pelo próprio herói (O'Faolain, 1972).

E o contista argentino Jorge Luis Borges, citado par Raúl Castagnino, afirma que o seu trabalho, na criação dos contos, reside mais propriamente na *combinação* de argumentos que na criação deles:

> em minha contística tenho apenas três ou quatro argumentos. O que ocorre é que mudo ou combino de modo diferente alguns componentes: ou o lugar ou o tempo ou as pessoas ou as estratégias narrativas. O núcleo argumental poderia ser sempre o mesmo (Borges *apud* Castagnino, 1977, p. 33).

O conto: um gênero?

A *unidade de efeito* (Edgar Allan Poe)

A teoria de Edgar Allan Poe sobre o conto recai no princípio de uma relação que se estabelece entre a *extensão* do conto e a reação que ele consegue provocar no leitor ou o *efeito* que a leitura lhe causa.

É o que o autor expõe no prefácio à reedição da obra *Twice-Told Tales*, de Nathaniel Hawthorne, em texto intitulado "Review of *Twice-Told Tales*", de 1842. Aí o contista parte do pressuposto de que "em quase todas as classes de composição, a unidade de efeito ou impressão é um ponto da maior importância" (Poe, 1976, p. 46). A composição literária causa, pois, um efeito, um estado de "excitação" ou de "exaltação da alma". E como "todas as excitações intensas", elas "são necessariamente transitórias". Logo, é preciso *dosar* a obra, de forma a permitir sustentar essa excitação durante um determinado tempo. Se o texto for longo demais ou breve demais, essa excitação ou efeito ficará diluído.

Torna-se imprescindível, então, a leitura *de uma* só *assentada*, para se conseguir essa unidade de efeito. No caso do poema rimado, não deve exceder em extensão o que pode ser lido com atenção em uma hora. Somente dentro desse limite o mais alto nível de verdadeira poesia pode existir (Poe, 1976, p. 46).

É natural que entre estas formas, poema rimado/conto/romance, haja uma hierarquia em função deste critério: qual o que mais favorece a leitura de uma só vez ou, como popularmente se diz, de um só fôlego? A resposta de E. A. Poe é que

podemos continuar a leitura de uma composição em prosa, devido à própria natureza da prosa, muito mais longamente que podemos persistir, para atingir bons resultados, na leitura atenta de um poema. Este último, se realmente estiver preenchendo as expectativas do sentimento poético, induz a uma exaltação da alma que não pode ser sustentada por muito tempo (Poe, 1976, p. 46-47).

E explica:

Todas as excitações intensas *são* necessariamente transitórias. Desta forma, um poema longo *é um* paradoxo. E sem unidade de impressão, os efeitos mais profundos não podem ser conseguidos (Poe, 1976, p. 47).

O poema não deve, pois, ser longo demais e nem breve demais. Poe situa-se, equilibradamente, no meio: "um poema breve demais pode produzir uma impressão vivida, mas nunca intensa e duradoura". Sem uma certa continuidade de esforço, "sem uma certa duração ou repetição de propósitos a alma nunca é profundamente atingida". Por isso tudo, "brevidade extrema degenerará em epigramatismo; mas o pecado da extensão extrema é ainda mais imperdoável" (Poe, 1976, p. 47).

Essas mesmas propostas de *leitura* e *teoria* do poema Poe aplica à leitura do conto em prosa, definindo a sua medida de extensão – ou tempo de leitura: "referimo-nos à prosa narrativa curta, que requer de meia hora a uma ou duas horas de leitura atenta" (Poe, 1976, p. 47).

Da mesma forma que o poema rimado é superior ao conto no que respeita as suas potencialidades de conquistar o *efeito* único, o conto difere do romance, pois este,

> como não pode ser lido de uma assentada, destitui-se, obviamente, da imensa força derivada da totalidade. Interesses externos intervindo durante as pausas da leitura modificam, anulam ou contrariam, em maior ou menor grau, as impressões do livro. Mas a simples interrupção da leitura será, ela própria, suficiente para destruir a verdadeira unidade (Poe, 1976, p. 47).

Não é o que acontece na leitura do conto:

> no conto breve, o autor é capaz de realizar a plenitude de sua intenção, seja ela qual for. Durante a hora da leitura atenta, a alma do leitor está sob o controle do escritor. Não há nenhuma influência externa ou extrínseca que resulte de cansaço ou interrupção (Poe, 1976, p. 47).

Aliás, Julio Cortázar, no seu estudo sobre E. A. Poe, ressalta essa *intenção de domínio* do contista sobre o leitor e suas relações com o orgulho, o egotismo, a inadaptação ao mundo, a "anormalidade", a "neurose declarada", o que, naturalmente, interfere na construção das suas personagens e situações.

O fato é que a elaboração do conto, segundo E. A. Poe, exige também do autor extremo domínio de materiais narrativos. O conto, como toda obra literária, é produto de um trabalho consciente, que se faz por etapas, em função dessa *intenção*: a conquista do *efeito* único, ou impressão total. Tudo provém de minucioso cálculo. Assim, tendo o contista

> concebido, com cuidado deliberado, um certo efeito *único* e singular a ser elaborado, ele então inventa tais incidentes e combina tais acontecimentos de forma a melhor ajudá-lo a estabelecer este efeito preconcebido. Se sua primeira frase não tende à concretização deste efeito, então ele falhou em seu primeiro passo. Em toda a composição não deve haver nenhuma palavra escrita cuja tendência, direta ou indireta, não esteja a serviço deste desígnio preestabelecido (Poe, 1976, p. 47-48).

Tais considerações atentam, sistematicamente, para uma característica básica na construção do conto: *a economia dos meios narrativos*. Trata-se de conseguir, com o mínimo de meios, o máximo de efeitos. E tudo que não estiver diretamente relacionado com o efeito, para conquistar o interesse do leitor, deve ser suprimido.

Tanto são importantes essas observações sobre a teoria do conto, que serão mais tarde retomadas por E. A. Poe em "The Philosophy of Composition" ([1846] 1973).[4] Ele continua a defender a *totalidade de efeito* ou a *unidade de impressão* que se alcança ao ler o texto de uma só vez, sem interrupções, na dependência direta, pois, da sua *duração*, que interfere na excitação ou elevação, ou na intensidade do efeito poético.

---

[4] Há tradução para o português, feita por Oscar Mendes, de que extraio as presentes citações: "Filosofia da composição" (Poe, 1985).

Para tanto, ao iniciar o processo do escrever histórias, é o efeito que o autor deve levar em conta: qual o efeito que pretende causar no leitor? A primeira pergunta que se faz é:

> Dentre os inúmeros efeitos ou impressões a que o coração, o intelecto ou (mais geralmente) a alma são suscetíveis, qual deles, neste momento, escolherei? (Poe, 1985, p. 102).

O que pretende o autor? Aterrorizar? Encantar? Enganar? Havendo selecionado um efeito, que deve ser tanto original quanto vivido, passa a considerar a melhor forma de elaborar tal efeito, seja por meio do incidente ou do tom: "se por incidentes comuns e um tom peculiar, ou o contrário, ou por peculiaridade tanto de incidentes quanto de tom". E em seguida busca combinações adequadas de acontecimentos ou de tom, visando a "construção do efeito".

E. A. Poe ilustra esse percurso com a sua própria experiência na construção do poema "The Raven", determinando as etapas de execução de um projeto: a extensão ideal de mais ou menos cem versos, o tom de tristeza, os recursos necessários para se atingir esse tom: uso do refrão, tema da morte, espaço do quarto, símbolo do corvo, ambiente soturno, personagem sofrendo a ausência da amada morta, o desfecho com pergunta final – ainda veria a sua amada no outro mundo?

Se o poema – ou qualquer outra obra – for extensa, haverá naturalmente uma divisão do tempo de leitura. No entanto, para cada período serão mantidas as mesmas exigências, com o objetivo de *fisgar* o leitor: manter a *tensão* sem afrouxá-la, para não dar ensejo a interrupções. Daí a conclusão lógica a que chega E. A. Poe: um poema longo nada mais é que "uma sucessão de (poemas) breves", isto é, de efeitos poéticos breves que se sucedem. "Há um claro limite, quanto à extensão, para todos os trabalhos de arte literária – o limite de uma única assentada"; e continua: "embora em alguns casos de prosa, como no de *Robinson Crusoé*, que não exige unidade, este limite seja ultrapassado com vantagens" (Poe, 1985, p. 104).

Neste caso, o *desfecho* (*denouement*) torna-se também um elemento importante, no sentido de colaborar para o efeito que se deseja:

> todo enredo, digno desse nome, deve ser elaborado para o desfecho, antes de se tentar qualquer coisa com a caneta. *É* somente com o desfecho constantemente em vista que podemos conferir a um enredo seu indispensável ar de consequência, ou causalidade, fazendo com que os incidentes e, principalmente, em todos os pontos, o tom tendam ao desenvolvimento da intenção (Poe, 1985, p. 101).

Um conto de E. A. Poe

Estaria E. A. Poe se referindo ao tipo de conto de que era mestre, ao conto de terror? Suas considerações parecem ser de ordem geral, para todo conto. Convém salientar, no entanto, que no conto de terror e no conto policial o *efeito singular* tem uma especial importância, pois surge dos recursos de expectativa crescente por parte do leitor ou da técnica do *suspense* perante um enigma, que é alimentado no desenvolvimento do conto até o seu desfecho final. Por isso, Julio Cortázar bem resumiu o conceito de conto em E. A. Poe: "Um conto é uma verdadeira máquina literária de criar interesse" (Cortázar, 1974, p. 122-123).

Aliás, Julio Cortázar vai mais além. Talvez por se basear não apenas na teoria, mas também na leitura dos contos de

E. A. Poe, o contista e crítico argentino identifica *o aconte-cimento* como sendo o grande instrumento de interesse no leitor de E. A. Poe: "No conto vai ocorrer algo, e esse algo será intenso" (Cortázar, 1974, p. 124).

Para Julio Cortázar, E. A. Poe

> compreendeu que a eficácia de um conto depende de sua inten-sidade como acontecimento puro, isto *é*, que todo comentário ao acontecimento em si [...] deve ser radicalmente suprimido (Cortázar, 1974, p. 122).

Isto é:

> cada palavra deve confluir para o acontecimento, para a coisa que ocorre e esta coisa que ocorre deve ser só acontecimento e não alegoria [...] ou pretexto para generalizações psicológicas, éticas ou didáticas (Cortázar, 1974, p. 122).

Para E. A. Poe, tais propostas de *construção* da obra em função de um *efeito* predeterminado, seja no poema, seja no conto, primam pela racionalidade. Existe sempre a ideia de um *projeto*, ou *propósito*, ou *intenção,* que posteriormente passa a ser executado, mediante trabalho racional. Segundo ele, "com a precisão e rígida lógica de um problema mate-mático" (Poe, 1985, p. 103).

Veja-se o exemplo de um dos seus mais famosos contos, que é considerado, aliás, o precursor do conto policial: "Os crimes da rua Morgue", publicado em dezembro de 1841 (Poe, 1974). Nele, de fato, a admiração pela *análise* mani-festa-se na sua preleção sobre os *jogos*, que vai ocupar uma primeira parte do conto. E encontra-se ilustrada pelo pró-prio enredo do conto: como o detetive Dupin – antecedente do futuro Sherlock Holmes, criado pelo inglês Conan Doyle — observa e analisa as peças e, assim, monta a sua versão dos crimes ocorridos na rua Morgue. E acerta a jogada, descobrindo o criminoso.

O narrador do conto é o companheiro do detetive amador Dupin, com quem ele vive, em Paris, na mais absoluta reclusão e, segundo o narrador, "abandonando-me ao sabor de suas extravagantes originalidades" (Poe, 1974, p. 132). Dupin é um analista, tal como Poe o é. Sem dúvida, há uma clara admiração pela atividade do analista, que se manifesta logo no início do conto, quando o narrador reconhece que o próprio analista sente grande alegria "com essa atividade espiritual, cuja função é destrinçar enredos" (Poe, 1974, p. 128). É dessa forma que o enredo se desenvolve: mediante arguta análise, desde a notícia do crime lida no jornal, à observação direta do local, com o desvendamento do criminoso. E, mediante a técnica do *suspense*, dá-se o retardamento da resolução da ação e, assim, ocorre a "perturbação lógica", que é, aliás, "consumida com angústia e prazer", segundo Roland Barthes (1972, p. 53), em "Introdução à análise estrutural da narrativa".

O *suspense* alimenta, pois, a curiosidade do narrador e a nossa, na medida em que o detetive conta, aos poucos, o que já sabe. Ele sabe. Ele sabe quem estrangulou as duas mulheres: a filha, que, depois de violentamente estrangulada, foi empurrada na chaminé de cabeça para baixo; e a mãe, que foi encontrada no pátio da casa, com o pescoço tão cortado que, ao levantarem o corpo, a cabeça dela se separou. Ele sabe, e o narrador e nós, não. Aos poucos é que ele vai desvendando o crime, sob o nosso olhar espantado.

Com um detalhe ainda de maior espanto: o segredo está em chegar facilmente à dissolução do mistério que a polícia não é capaz de desvendar: "mas é por esses desvios do plano comum que a razão tateia seu caminho, se é que existe, na procura da verdade" (Poe, 1974, p. 146), afirma Dupin, raciocínio que poderia ser – ou que talvez seja mesmo – do próprio contista Edgar Allan Poe.

Com e contra E. A. Poe

Mas foi também Julio Cortázar quem alertou para o fato de que os contos e poemas de E. A. Poe não são feitos por sua *neurose*, mas por seu dom artístico. Há em E. A. Poe um "caso clínico" e um "caso artístico", assim como nos seus textos há a execução de um desígnio preestabelecido e também "uma outra ordem, mais profunda e incompreensível" (Cortázar, 1974, p. 120). Existiria então algo, além do cálculo engenhoso, que seria o próprio engenho artístico.

Complementando e contrariando Poe, considere-se, pois, que nem toda obra é só deliberada ou se faz apenas por um processo mecânico, de execução consciente de um plano pré-estipulado. Nem a de E. A. Poe, segundo Julio Cortázar.

Também Boris Eikhenbaum (1971, p. 162), ao estudar os contos de O. Henry, atenta para princípios já determinados por E. A. Poe, na sua teoria e na sua prática. Examinando as diferenças entre novela (e conto) e romance, constata que existe entre eles "uma diferença de princípio, determinada pela extensão da obra". E, ao especificar as diferenças, recai na questão do *efeito* e da *unidade*:

> Tudo, na novela, assim como na anedota, tende para a conclusão. Ela deve arremessar-se com impetuosidade, tal como um projétil jogado de um avião, para atingir com todas as suas forças o objetivo visado.

E define o conto:

Short story é um termo que subentende sempre uma estória e que deve responder a duas condições: dimensões reduzidas e destaque dado à conclusão. Essas condições criam uma forma que, em seus limites e em seus procedimentos, é inteiramente diferente daquela do romance.

A novela ou conto termina em um clímax, enquanto, no romance, o clímax "deve encontrar-se em algum lugar antes do final" e termina por epílogo ou falsa conclusão.

E a análise que faz da produção norte-americana de contos leva-o a conclusões semelhantes, reconhecendo nela três características: (1) a unidade de construção; (2) o efeito principal no meio da narração; (3) o forte acento final.

Também O. Henry, como R. L. Stevenson, como E. A. Poe, tinha o conto na cabeça, antes de escrevê-lo. O *plano* ou *design* surge como característica do conto, para Boris Eikhenbaum. Tal como para E. A. Poe. Tal como para Jorge Luis Borges, que, em entrevista concedida por ocasião de sua estada em São Paulo, em agosto de 1984, distinguia a poesia lírica, que deixa fluir a intimidade, do conto, que é construção.[5]

É por isto que Sean O'Faolain, em 1948, constata no conto moderno, além da sua *curteza,* da sua *compreensão dramática* e do seu caráter *pessoal,* uma *rigidez de construção*:

Refiro-me à entrevista concedida à imprensa e gravada numa sala do andar térreo do Hotel Maksoud, em São Paulo, a que assisti, a convite de Jorge Luis Borges. E devo a Jorge Schwartz, especialista na obra do escritor argentino, o convite para comparecer ao hotel para esse encontro.

Esta mobilidade para o detalhe combinada com a rigidez da direção geral é um dos grandes prazeres técnicos do conto moderno (O'Faolain, 1972, p. 181).

Considere-se ainda que o conto evolui e se multiplica em diferentes possibilidades de construção. Todos os contos provocam um *efeito* único no leitor? Não haveria os que provocam nele diferentes efeitos, efeitos que podem, inclusive, ir sofrendo mudanças no decorrer da leitura, desde o extremo cômico ao extremo sentimental, por exemplo? Seriam esses *maus contos*? Seriam esses *contos*?

As oscilações mostram que a questão da *totalidade de efeito* é mais complicada do que parece à primeira vista. Vale a observação do contista William Saroyan, ao considerar que, se a medida do conto é a da leitura de uma só assentada, há uns que podem se sentar por mais tempo que outros.[6]

Alguns teóricos se opõem à teoria de Poe porque atentam para a dificuldade da estipulação de uma teoria sobre o conto, dada a sua fluidez: o conto pode ser "quase tudo", já afirmava, em 1941, H. E. Bates ([1941] 1976, p. 72-79), como já afirmara, três anos antes, o nosso Mário de Andrade.

Esses teóricos recorrem à antiguidade do gênero, que absolutamente não é gênero novo, produto do século XIX. Suas origens são antigas e remontam, segundo alguns, às *baladas* da pré-história, depois inseridas nas épicas, passando por coletâneas como as do *Decameron*, de Boccaccio.

Outros avançam, na consideração desse *efeito* de que trata Edgar Allan Poe. Que efeito seria este? Seria a apreensão de uma *tensão unitária*, para além do tamanho e da extensão? Nesse caso, enquanto no romance há várias, com

---

[6] Tal observação de William Saroyan encontra-se em: Reid (1977, p. 9).

relaxamentos intermediários, no poema é possível haver uma só. De todo modo, para a leitura de cada conto, a questão permanece: quais as condições que, no conto lido, propiciam tal tensão?

Fala-se, além da *tensão*, em *condensação*, *concentração* ou *compactação*: é o que nos propõe Anton Tchekhov, junto a outros quesitos do conto, na sua farta e conscienciosa correspondência.

A *unidade de efeito* e a *contenção* em Tchekhov

É certo que Anton Tchekhov (1966), contista célebre e também dramaturgo e médico, não desenvolve sistematicamente uma teoria do conto, tal como Edgard Allan Poe. Mas na sua intensa correspondência mostra-se um paciente e dedicado leitor, que não mede esforços no sentido de expor suas críticas aos escritores que o consultavam. Essa militância crítica, sobre obras dos outros e sobre suas próprias obras, permite avaliar os conceitos do *escrever bem*, em que *defeitos* e *qualidades* no contar histórias aparecem expostos com delicada firmeza e simpático entusiasmo. O conjunto das cartas transforma-se, assim, em um valioso *repertório* das dificuldades e conquistas do processo do narrar. Esclarece questões referentes à prática do *escrever* e do *ler* histórias – e, especialmente, contos.[7]

Em alguns pontos, coincide com o pensamento de Edgar Allan Poe. A questão da *brevidade* permanece como

---

[7] As citações de cartas de Anton Tchekhov a Máximo Górki são aqui traduzidas e registradas a partir da edição em inglês. Delas há tradução para o português na dissertação de Sophia Angelides (1979), publicada em livro em 2001 (ver Bibliografia comentada).

elemento caracterizador do conto: "Brevidade, na imprensa menor, é a maior das virtudes" (Tchekhov, 1966, p. 107). E, tal como Edgar Allan Poe, afirma que mais vale dizer *de menos* que *demais*: "Mas em contos é melhor não dizer o suficiente que dizer demais, porque, porque – não sei por quê!..." (Tchekhov, 1966, p. 106). Nisso, estão de acordo.

Em consequência dessa brevidade, Anton Tchekhov também considera necessário ao conto causar o *efeito* ou o que chama de *impressão total* no leitor, que "deve sempre ser mantido em *suspense*". Esta característica – e Poe já afirmara – não é necessária em textos mais longos, como o romance: "trabalhos longos e detalhados têm seus objetivos peculiares próprios, que requerem uma execução mais cuidadosa, para além da impressão total" (Tchekhov, 1966, p. 106).

Mas não é só da *brevidade* e da *impressão total* que surge a boa história ou conto. Anton Tchekhov exige nela "brevidade, e algo que seja *novo*" (Tchekhov, 1966, p. 7). E também *força, clareza* e *compactação*. Assim, o texto deve ser *claro* – o leitor deve entender, de imediato, o que o autor quer dizer. Deve ser *forte* – e ter a capacidade de marcar o leitor, prendendo-lhe a atenção, não deixando que entre uma ação e outra se afrouxe esse laço de ligação. O excesso de detalhes desorienta o leitor, lançando-o em múltiplas direções. E deve ser *compacta* – deve haver condensação dos elementos. Tudo isso, com objetividade: "Quanto mais objetivo, mais forte será o efeito" (Tchekhov, 1966, p. 92), afirma em carta à escritora L. A. Avílova.

Se *novidade, força, clareza* podem ser exigências para toda narrativa, não é esse o caso da *compactação*. Porque é "a compactação que torna vivas as coisas curtas" (Tchekhov, 1966, p. 82). Ou contos. Naturalmente que, para conseguir compactar os elementos do conto, ou apresentá-los com concisão, o autor tem de controlar a tendência aos excessos e ao supérfluo. O autor tem de se conter. E é justamente essa falta de contenção, especialmente nas descrições da natureza, retratos de mulheres e cenas de amor, que Anton Tchekhov observa nos contos de Máximo Górki, ao lado, também, de tantas qualidades. "O Sr. é como o espectador num teatro que manifesta seu entusiasmo de maneira tão desenfreada que impede a si e os outros de ouvirem". Falta-lhe a contenção e também a *graciosidade*. "Graciosidade é quando alguém, numa determinada ação, utiliza o mínimo de movimentos. Mas nos gestos que o senhor faz, sente-se o excesso" (Tchekhov, 1966, p. 84-85).

Daí a série de conselhos, espalhados por suas cartas, recomendando evitar personagens, episódios, detalhes e explicações em demasia. E àqueles que criavam muitas personagens aconselhava: diminuir o seu número, ou então escrever romances.

Em outras passagens, Tchekhov reforça suas propostas de *realismo*. Aconselha escritores a descreverem quadros, de modo a que o leitor, ao fechar os olhos, possa recompô-los na mente. E a não pintar quadros que nunca viu, porque a mentira é ainda mais inoportuna na história que numa conversa.

Entre o *longo* e o *breve*, entre a extensão do discurso e sua retenção em narrativa curta, Tchekhov vai se afirmando na curta: "é mais difícil escrever um trabalho longo que um curto" (Tchekhov, 1966, p. 4). E, por falta de prática em escrever trabalhos longos, teme sempre cair aí no excesso de detalhes:

> como resultado, consegue-se não um quadro em que todos os detalhes acham-se fundidos num todo, como estrelas nos céus, mas um mero sumário, um seco inventário de impressões (Tchekhov, 1966, p. 3).

Entre o perigo da narrativa *curta demais* e o perigo da narrativa *longa demais*, o olho crítico de Tchekhov às vezes vacila, pressionado, de um lado, pelo rigor dos seus critérios de avaliação: era preciso escrever bem; e, de outro, pelas necessidades de sobrevivência: era preciso escrever para ganhar dinheiro.

Com isso, Tchekhov já confirmava um dos grandes estímulos responsáveis pela produção do conto – a expansão jornalística do século XIX que, curiosamente, funcionou, em alguns casos, como amortecedor do seu nível de qualidade. Nos idos de 1880 já havia a *prensa da imprensa*: era preciso escrever muito e depressa. Assim é que Tchekhov explica a A. S. Suvórin as limitações na caracterização do herói de uma de suas histórias: ou entregava a história em 25 dias ou ficava sem o dinheiro... (Tchekhov, 1966, p. 11). Porque, se o dinheiro não o ajuda nas decisões fundamentais sobre "o que vou fazer e como vou agir", quando tem dinheiro reconhece que se torna "extremamente descuidado e preguiçoso"... (Tchekhov, 1966, p. 13).

Sua autocrítica mistura-se a um espírito caprichoso, que aconselha a escrever pouco para escrever bem. Ao seu irmão, Al. Tchekhov, aconselha não escrever mais do que dois contos por semana e polir as histórias... (Tchekhov, 1966, p. 70). E a L. A. Avílova aconselha trabalho lento e cuidadoso: que gaste um ano todo escrevendo uma história e mais meio ano desbastando-a, para, então, publicá-la (Tchekhov, 1966, p. 98).

A intenção de Tchekhov-escritor *realista* é repetidamente anunciada por ele mesmo: representar a verdade, que é "a absoluta liberdade do homem, liberdade da opressão, dos preconceitos, ignorância, paixões, etc.". E para *denunciar* uma situação condenável.

Meu objetivo é matar dois pássaros com uma só pedra: pintar a vida nos seus aspectos verdadeiros e mostrar quão longe está da vida ideal (Tchekhov, 1966, p. 15).

Nessa perspectiva, aconselhou sempre o contato mais próximo e intenso dos escritores com a realidade. Compreende-se que tenha aconselhado Máximo Górki a ir para São Petersburgo ou Moscou e viver entre os escritores para sentir o ambiente literário e poder estudar o seu público leitor (Tchekhov, 1966, p. 89).

De Guy de Maupassant a A. Tchekhov: o conto e o enredo

Na história do conto, Tchekhov não se afirma apenas enquanto um crítico e teórico, cujos pontos de vista coincidem tanto com os de Poe. Tchekhov-contista avança no sentido de libertar o conto de um dos seus fundamentos mais sólidos: o do acontecimento. E, nesse aspecto, afasta-se do conto de *acontecimento extraordinário*, tal como o conto de Poe. E afasta-se também do conto de *simples acontecimento*, tal como o conjunto dos contos de Maupassant.

Porque os contos de Maupassant trazem o acontecimento que flui, naturalmente, sem nada de excepcional. E a qualidade dos seus contos reside exatamente nisto: sua imensa produção, de cerca de trezentos contos, traz uma fácil *fluência natural do acontecimento*, com precisão e descontraída firmeza, produto de intensa elaboração, seguindo os conselhos de seu *mestre* Flaubert.

É o caso do seu conto "Dois amigos", por exemplo (Maupassant, 1981, v. 4, p. 267-274). Trata-se de dois amigos que costumavam se encontrar nas pescarias de domingo, perto de Paris. Um dia, encontram-se na cidade e relembram esses momentos felizes no campo, que se tornaram impossíveis, devido à guerra. Eles resolvem pescar outra vez, aproximando-se, para isso, do campo inimigo. Enquanto estão calmamente desfrutando o prazer da pesca, são presos como espiões e fuzilados. Ora, o encanto do conto está no modo aparentemente fácil de conduzir a intriga, com início, meio e fim. Os episódios fluem e são eles que fazem o conto: a conversa em Paris, as pescarias de antes, a pescaria fatídica – de modo a realçar a ingenuidade dócil dessas duas personagens e a violência da guerra, que, aliás, o próprio Maupassant sentiu bem de perto, como soldado, antes de se tornar um homem rico graças aos contos que escrevia.

Já Tchekhov escreve contos frequentemente e, pelo menos na aparência, sem grandes ações, rompendo, assim, com uma antiga tradição. E abre as "brechas" para toda uma linha de conto moderno, em que, às vezes, nada *parece* acontecer.

Esse estratagema de narrativa que se *enreda* na ruptura com o compromisso dos *grandes* acontecimentos verifica-se também no seu teatro. Tchekhov registra os acontecimentos da vida numa sucessão de quadros, como se fosse um mosaico, abandonando a construção tradicional, que previa uma ação com desenvolvimento, clímax e desenlace.

Também no conto, a tal unidade tradicional, calcada na obediência ao início, meio e fim, é prejudicada. Alguns contos seus não crescem em direção a um clímax. Ao contrário, mantêm um *tom menor*, às vezes por igual no decorrer de toda a narrativa. Ou então realizam uma curva descendente, conforme afirmação do próprio Tchekhov, em carta a Suvórin, referindo-se à peça *A gaivota*: "Bem, terminei a peça. Eu a comecei *forte* e acabei *pianíssimo*

– contrariamente a todas as regras da arte dramática" (Tchekhov, 1966, p. 146).

Curiosamente, o autor atribui, por vezes, esse arrefecimento da narrativa à premência do dinheiro. A revista mensal *Siéviernii Viéstnik* não era rica, e ele era um dos seus colaboradores mais caros. Por isso é que, segundo o ficcionista,

> o começo de minhas histórias é sempre multo promissor, é como se eu estivesse começando um romance, o meio é confuso e o fim, como num breve quadro, rápido como fogos de artifício (Tchekhov, 1966, p. 11).

Mas é pelo seu *meio* que o conto de Tchekhov se torna mais original:

> estando acostumado a histórias curtas que consistem somente num começo e fim, eu afrouxo e começo a "ruminar" quando passo a escrever o meio (Tchekhov, 1966, p. 8).

Ora, é justamente pelo meio que os seus contos inovam. Ou é aí que ocorre a subversão do centro de interesse tradicional rígido, como já ocorrera em outros pontos, com outros escritores russos, conforme observa Boris Schnaiderman no seu artigo "Por falar em conto" (1971).

Lembre-se da aflição do cocheiro Iona Potapov, que se mantém do início ao final do conto "Angústia" (Tchekhov, 1981, p. 109-114). Nada acontece no conto, a não ser este estado de desassossego, que domina a personagem: o pai que tenta contar aos seus fregueses a notícia da morte do filho, e inutilmente, enquanto faz a corrida no trenó, levando-os aos seus destinos. Porque ninguém o ouve. E ele conta a notícia ao seu cavalo.

O conto faz-se por essas tentativas que se sucedem e que não chegam a constituir um fio de grandes ações. Nem mesmo a última delas sobressai demais às outras. Mas são fatalmente, cada uma e todas elas, manifestações fortes e comoventes da desgraça e da solidão humana. Não há mesmo ninguém a quem confiar a sua dor. Não há mesmo ninguém a quem contar a sua história.

Nesse conto, em que pouca coisa parece estar acontecendo, desvenda-se todo um destino humano. Vale, nesse caso, a observação que fez Otto Maria Carpeaux para outro conto de Tchekhov, intitulado justamente "O acontecimento". Afirma Carpeaux:

> Parece conto sem enredo. Pois em "O acontecimento" não aconteceu nada digno de nota. Mas quem lê com atenção maior esse conto, perceberá que o acontecimento é o maior e o mais trágico da existência (Carpeaux, 1969, p. 178-179).

Essas intrigas deixam questões pulsando no ar, com alto teor de comoção. Talvez por isso Virginia Woolf, que procura as razões dessa força da literatura russa, encontre-a no modo pelo qual ela transforma a "alma" torturada em principal personagem, em uma mistura surpreendente de beleza e vilania, de mesquinharia e dignidade (Woolf, 1953, p. 177-187).

O conto realiza-se justo nessa sua capacidade de *abertura* para uma realidade que está para além dele, para além da simples história que conta. É o que afirma Julio Cortázar, em "Alguns aspectos do conto":

> o bom contista é aquele cuja escolha possibilita essa fabulosa abertura do pequeno para o grande, do individual e circunscrito

para a essência mesma da condição humana (Cortázar, 1974, p. 155).

O momento especial

Que momento é esse?

Assim como para Poe o conto depende de um *efeito único* ou *impressão total* que causa no leitor, para outros, é o próprio conto que representa um *momento especial* em que algo acontece. No entanto, surgem dúvidas com relação ao que venha a ser esse *momento especial*. Tratar-se-ia, aqui, do momento da leitura, tal como era para Poe? Ou do momento ou tempo em que acontece algo para a personagem, no nível do enunciado? Ou, ainda, do momento ou tempo experimentado pelo narrador, estabelecendo, portanto, relação com o tempo do seu discurso de narrador, ou com a enunciação?

Para alguns, é necessário que *algo* aconteça no conto – nele precisa haver *ação*. Nessa linha, o conto é o que traduz uma mudança, de caráter moral, de atitudes ou de destino das personagens, e que provoca uma realização do leitor por meio dessas mudanças: é a teoria de Theodore A. Stroud (1976, p. 116-130). Para outros, deve acontecer algo em um tempo passado, que é, desta forma, dominado pelo narrador – assim pensa Mário A. Lancelotti, em seu livro *De Poe a Kafka: para una teoría del cuento* ([1965] 1968).

Mas, para outros, o que o conto mostra é justamente a ausência de mudança e de crise. E se a crise existe, por vezes é notada pelo leitor, e não pela personagem. Às vezes não existe mesmo crise alguma. Nesse caso, as personagens não mudam. E no conto nada acontece, isto é, o que ocorre é essa elipse do acontecimento. A monotonia do relato e a mesmice do cotidiano substituem, então, o que seria a dinâmica do processo de evolução de uma mudança.

O importante, pois, é que haja algo *especial* na representação dessa parte da vida que faz o conto, isto é, que haja um *acidente* que interesse e que ele "seja ou pareça-nos realmente um 'caso' considerado pela novidade, pelo repente, pelo engraçado ou pelo trágico" – afirma José Oiticica (*apud* Lima, 1952).

Intimamente ligado ao *momento* de realidade que o conto registra, há o problema do *tipo de tempo* que nele é registrado. Trata-se de acontecimento com simetria e lógica na sua sucessão de início/meio/fim? Segundo Aristóteles, sim. Mas parece que o grande mérito de Tchekhov foi *quebrar* essa linha de sequência, valorizando o *meio*.

Havendo ou não evolução de atitudes de personagens ou mudança de seu comportamento, o que esse agenciamento de abordagem do conto propõe é considerar o conto como um modo narrativo propício a *flagrar* um determinado instante que mais o especifique. Nesse caso, não haveria o *acompanhar* por muito tempo essa evolução, o que redundaria em formas mais desenvolvidas, como a novela e o romance. Haveria o simples, arguto e rápido *instantâneo* da realidade, captando-a na sua especificidade.

Mas isso não seria típico também do poema? E da crônica? E do *sketch*? E ainda: se o conto tem por base esse instante de *crise* ou *conflito* da personagem, não tenderia a se basear na *tensão dramática*, tal como no teatro? Semelhanças entre a construção do conto e do teatro, em vários aspectos como: começar do fim para o começo; tender para um final conclusivo forte; tudo girar em torno de um ponto – o *conflito dramático*.

E, mesmo assim, haveria muitas variações ou muitos momentos diferentes entre si. Afinal, que momento é este?

A epifania (James Joyce)

Um dos *momentos especiais* é concebido como o que se chama de *epifania*. Epifania, tal como a concebeu James Joyce, pode ser considerada como uma espécie de apreensão do objeto, que poderia ser identificada com o objetivo do conto, enquanto uma forma de representação da realidade. Para Joyce, segundo um dos capítulos do seu *Stephen Hero*, epifania é "uma manifestação espiritual súbita", em que um objeto se desvenda ao sujeito. Trata-se, em última instância, do *modo* de se ajustar um *foco* ao objeto, pelo sujeito. Seria um último estágio dessa tentativa de *ajuste*, que se faz primeiro por tentativas, depois, com sucesso.

É o que a personagem narradora explica ao seu companheiro, ao divisar o relógio de "Ballast Office":

> Imagine meus olhares sobre esse relógio como experiências de um olho espiritual tentando fixar a própria mirada através de um preciso foco de luz. No momento em que o foco é ajustado, o objeto é epifanizado. Ora, é nesta epifania que reside para mim a terceira qualidade, a qualidade suprema do belo (Joyce, 1944 *apud* Sá, 1979, p. 135-136).

A *epifania* seria um dos quesitos de *beleza*. O primeiro deles seria o da *integridade*, quando se percebe a coisa enquanto obra integral. Esse primeiro quesito permite reconhecer a coisa como sendo uma, e não outra. O segundo, o da *simetria*, permite considerar o objeto como um, em si mesmo, nas suas partes e no seu todo, na relação consigo mesmo e com outros objetos. E pelo terceiro, a *epifania*, a coisa torna-se ela mesma:

> Constatamos primeiro que o objeto é uma coisa *íntegra*; em seguida, que apresenta uma estrutura compósita e organizada, que é efetivamente uma coisa; enfim, quando as relações entre as partes estão bem estabelecidas, os pormenores estão conformes à intenção particular, constatamos que esse objeto é o que é. Sua alma, sua quididade, de súbito se desprende, diante de nós, do revestimento da aparência. A alma do objeto, seja ele o mais comum, cuja estrutura é assim demarcada, assume um brilho especial a nossos olhos. O objeto realiza a sua epifania (Joyce, 1944 *apud* Sá, 1979, p. 136).

Essas considerações não fazem parte estritamente do conceito do que se denomina *conto*. Podem fazer parte de uma teoria geral da narrativa, ou mesmo de uma teoria geral do conhecimento.

No entanto, em contos cujo núcleo é justamente esta percepção reveladora de uma dada realidade, a teoria torna-se fundamental para a sua leitura. É o caso dos contos de Clarice Lispector, por exemplo. Aliás, não só dos seus contos, mas de toda a sua narrativa, conforme foi lida, entre outros, por Olga de Sá.

Um conto de Clarice Lispector

Como é que ocorre esta epifania, em um dos contos de Clarice Lispector, o conto "Amor"?

A história é aparentemente simples. Ana, uma dona de casa, espera visitas para o jantar e vai às compras. Quando está já de volta no bonde, vislumbra um cego mascando chicle, o que provoca subitamente toda uma mudança em seu comportamento. Inicia-se, nesse momento, uma situação de desorientação, de desligamento da realidade, que vai atingir o seu clímax no Jardim Botânico, onde Ana renasce, experimentando outro tipo de percepção das coisas. Plantas, animais e qualquer detalhe passam a estar prenhes de significado. E ela contempla, extasiada, esse *outro mundo*, que se resume num paradoxo: sente tanto a vida, que esta lhe vem como a morte, a dor como amor, o sofrimento como felicidade, o Inferno como o Paraíso: "O Jardim era tão bonito que ela teve medo do Inferno". E: "[...] era fascinante, a mulher tinha nojo, e era fascinante" (Lispector, [1952] 1960, p. 29).

Convém notar que a experiência especial de Ana é gradativa, e leva consigo o leitor, que também caminha, na leitura, sem saber para onde vai, levado por um impulso estranho, mergulhado nesse aprofundar-se da experiência de Ana.

Mas se por um lado o *miolo* do conto consiste nessa experiência de caráter místico (enquanto revelação), gnóstico (enquanto conhecimento) ou filosófico (enquanto crise existencial), e até estético (enquanto percepção re-criadora do mundo), o fato é que tal experiência, de índole moderna (enquanto consagração de um *momento especial* de vida interior), se insere em uma constituição rigorosamente *clássica,* na sua estrutura linear, em três tempos: (1) o início (Ana vai às compras e aparece envolvida na rotina doméstica); (2) o desenvolvimento (Ana mergulha na *experiência de crise* desde quando vê o cego até fugir correndo do Jardim Botânico); (3) o final (Ana volta para a rotina doméstica).

Como se não bastasse essa divisão do conto em três tempos, alguns detalhes de construção reforçam a simetria: um cego mascando chicle, que de repente a protagonista avista do bonde de Santa Teresa, no Rio de Janeiro, assume no conto a função de uma espécie de guia da personagem, instaurando um clima de estranhamento que faculta a passagem de Ana do primeiro momento (a casa) para o segundo momento (o Jardim Botânico). E o marido, ao segurar o seu braço, depois do jantar de família, já em casa, simula o gesto da volta do momento de êxtase epifânico do segundo momento (no Jardim Botânico) para o quarto do apartamento (de novo, no interior da casa).

Essa estrutura aparentemente simples esconde complexidades, sob a forma de aumento e diminuição de vetores de sentido, sob a forma de um X, ou de um quiasmo, figura de linguagem em que duas forças agem em sentido contrário, até se encontrarem num ponto e, de novo, retomarem seu rumo em sentido inverso. No início, paira uma paz do lar, ou melhor, uma rotina em que a personagem tenta se convencer de que tudo está bem, mas não estando, pois subjaz paralelamente uma inquietação que aumenta, a cada lance da ação, até um clímax, no Jardim Botânico. Nesse momento, vértice em que as duas forças, a ascendente e a descendente, se encontram, inferno e paraíso se equivalem, mediante figura de um paradoxo, de um ser e não ser ao mesmo tempo. A partir daí, o movimento inverso se instaura: a inquietação diminui, e o movimento em direção à paz se instaura, até a etapa final, em que se apaga "a pequena flama do dia". Mas com a consciência da experiência de um "momento especial", íntimo e clandestino, que confere à personagem o doce e terrível gosto de "estar viva".

Este conto demonstra, então, que nem sempre o conto *moderno* foge totalmente dos princípios anteriores, ou que nem sempre há apenas adoção de novos procedimentos.

Por vezes, a *qualidade* reside mesmo nessa *forma de combinar* recursos da tradição com os que vão surgindo nos novos tempos, ou seja, aliar a um modo tradicional de narrar, com começo, meio e fim (tal como observava Aristóteles na sua *Poética*), uma experiência de índole moderna, que representa um *estado de crise* e que, entre tantos outros possíveis sentidos, pode significar o da situação da mulher. Mulher "abafada" por uma vida familiar, em que não cabe a expansão de suas potencialidades mais individuais e mais profundas, e em que acaba perdendo sua identidade, a qual vislumbra, temporariamente e na sua plenitude, no Jardim Botânico; para depois voltar, com a *riqueza* dessa experiência anterior, à absorvedora rotina da vida doméstica.

Portanto, a *epifania,* embora característica de uma linha de literatura moderna, não explica os contos de Clarice Lispector enquanto gênero específico. A questão não é somente constatar a epifania, mas a combinação de vários recursos narrativos: os da tradição e os dos tempos modernos. Combinação esta que é, ela sim, um dos recursos responsáveis pela sua especificidade.

Um *flash* dos novos tempos

É justamente por essa capacidade de *corte* no fluxo da vida que o conto ganha eficácia, segundo alguns teóricos, na medida em que flagra o momento presente, captando-o na sua momentaneidade, sem antes nem depois. É o caso, entre outros, da escritora Nadine Gordimer (1976), para quem o conto representa o real como que através de *flashes* de luz, intermitentes como o piscar de vaga-lumes.

Assim concebido, o conto seria um modo moderno de narrar, caracterizado por seu teor fragmentário, de ruptura com o princípio da continuidade lógica, tentando consagrar esse instante temporário.

As reservas a essa concepção são mais ou menos semelhantes às que já foram levantadas sobre o conceito de conto como representação de um momento epifânico ou de crise existencial: ela pode explicar um conto, ou uma narrativa. Mas não o conto enquanto *gênero*.

No entanto, a escritora propõe uma questão de interesse, quando indaga das razões que levam o conto a sobreviver: quais as implicações sociopolíticas dessa sobrevivência? Se o romance, conforme a crítica marxista de G. Lukács, pressupõe privacidade para a sua curtição pela classe burguesa e marca o apogeu da cultura individualista, que papel social caberia à leitura do conto?

Segundo ela, o conto

> é uma arte solitária na comunicação, e é, pois, outro sinal, tal como o romance, de uma solidão e isolamento crescentes do indivíduo numa sociedade competitiva. Você só pode ter a experiência de leitura de um conto mediante condições mínimas de privacidade que são as da vida da classe média (Gordimer, 1976, p. 181).

No entanto, a autora reconhece uma mudança.

> Mas naturalmente o conto, por razão de sua "completude", totalmente contida no breve tempo que você dispensa a ele, depende menos que o romance das condições clássicas de vida da classe média, e talvez corresponda à ruptura daquela vida que já está acontecendo. Neste caso, embora o conto possa sobreviver ao romance, pode tornar-se obsoleto, quando o período de desintegração for substituído por novas formas sociais e por formas de arte que as representam (Gordimer, 1976, p. 181).

Nesse caso, o apogeu do romance, seguido da preponderância do conto, tende a ser seguido por outras formas narrativas. Haveria uma tendência à predominância de formas cada vez mais breves? Essa proposta estimula discussão sobre a relação entre o conto e outras formas breves de comunicação, veiculadas pela TV, por exemplo. Qual será o destino do conto na era da *informática*?

O conto: a voz de um solitário?

Em 1936, Elizabeth Bowen alertava para a proximidade entre a arte do conto e a do teatro, e para o fato de a arte do conto estar crescendo paralelamente à do cinema, quando observava produções daqueles últimos trinta anos. E lamentava o destino do conto: foi durante muito tempo o "romance condensado", que precisava de um assunto complexo (tal como o romance) e dependia do modo como a condensação era levada a efeito. Faltava, pois, ao conto o que o caracteriza – a "simplicidade heroica", e certas características que Bowen salientava na seleção que fez de contos para o volume *The faber book*: a completude, a espontaneidade, a capacidade de situar o homem na sua solidão, na consciência de ocupar um lugar sozinho na realidade (Bowen, 1976).

É também a solidão do homem, a sua voz solitária, a base das considerações de Frank O'Connor, na obra *The lonely voice*. O conto, segundo o autor, visa satisfazer o leitor solitário, individual, crítico, porque nele não há heróis com os quais esse possa se identificar, tal como acontece no romance, em que essa solidão é, de certa forma, amenizada ou desaparece, na medida em que compartilha as ações do herói e se identifica com ele. No conto, mundo solitário de seres solitários, são todos herdeiros de "O Capote", de

Gogol, afirmava Turguêniev. Porque Gogol criara o *little man*, a personagem situada entre o *heroico* e o *satírico*, que caracteriza a "população submersa ou marginal" e que tenta o escape ou a fuga dessa situação. Ainda segundo O'Connor, no conto não há também a totalidade de uma experiência, com desenvolvimento cronológico, como no romance, mas a *seleção* de pontos, que acabam definindo o seu sucesso ou o seu fiasco.

As personagens do conto têm um mundo autônomo: não é a brevidade que as caracteriza. O que as caracteriza é o fato de os problemas serem delas, e não nossos.

O que Turguêniev e Tchekhov nos dão não é tanto a brevidade do conto comparada com a expansão do romance quanto a pureza de uma forma de arte motivada mais por suas próprias necessidades que por nossa conveniência (O'Connor, 1963, p. 28).

Frank O'Connor situa, pois, o conto em um mundo moderno: o conto é gênero novo; e, tal como o romance, é arte privada e destinada ao leitor solitário.

As ressalvas que se pode fazer a O'Connor são as que podem ser feitas a outros autores. Referem-se apenas ao *conto moderno*, cuja temática da solidão surge como consequência de uma sociedade burocratizada e capitalista, que *deseja* o objeto. E considera impossível haver identificação de vozes – entre a voz do leitor e a da personagem. Entretanto, a identificação pode existir ainda que pelo próprio fio da semelhança de situações: a da solidão.

Já nos anos 1940, Eudora Welty salientava a variedade de recursos que atuam no conto, cuja ênfase podia recair no enredo, na personagem, na forma simbólica, e que possibilitava a forma impressionista dos contos de Virginia Woolf ou a organização musical nos contos de Faulkner. Mas ressaltava, sobretudo, o conto de atmosfera e de mistério: "A primeira coisa que realmente observamos numa história é uma atmosfera de mistério" (Welty, 1976, p. 163).

Contra o rigor formal, os defensores do *conto de atmosfera* valorizam o caráter pessoal dos contos, que refletem a liberdade individual do autor e a sua carga de personalidade, contra o conto *mercenário*, e, outras vezes, contra o conto *fragmentário*, que acaba não contando nada. Considerando o conto mais próximo ora da poesia lírica, ora do teatro, ora do cinema, ressaltam sua proximidade do sono (*dream verbalized*, segundo Joyce Carol Oates [1974]) e do mistério.

No entanto, nenhum desses critérios tem condição de sustentar uma definição do conto, quer seja o conto de atmosfera, quer seja a voz solitária do homem moderno. Mas não é conto só por isso. Na verdade, tais critérios atentam para o *assunto* do conto: o mistério, a solidão. E não é só de assunto que se faz um conto.

A simetria na construção (Brander Matthews)

Os que seguem Poe reafirmam o caráter da *unidade de efeito* no conto e a sua importância como *gênero novo*, produto do século XIX, nos termos em que foi praticado e teorizado por Edgar Allan Poe. Tal é a linha seguida por Brander Matthews, em um ensaio de 1901, em que faz questão de escrever *short-story* com hífen, para distingui-la de uma história meramente curta: a *short story* (Mathews, 1974, p. 35). Isso porque, segundo o autor, que segue à risca as propostas de Poe, existe uma diferença entre conto e romance que não é só de *extensão*, mas de *natureza*: o conto tem uma *unidade de impressão* que o romance obrigatoriamente não tem. E por que tal unidade ocorre? Por causa da *singularidade* dos elementos que compõem a narrativa do conto: o conto é o que tem unidade de tempo, de lugar e de ação. O conto é o que lida com *um só* elemento: personagem, acontecimento, emoção e situação. E o autor sustenta com tal rigor essa teoria, que marcou época na história da teoria do conto.

Além dessas considerações sobre a necessidade de *unidade* de elementos, compondo a "teoria de um só", Brander Matthews faz outras observações sobre o conto, que atestam sua posição. Segundo ele, o conto não precisa do tema do amor, tal como precisa o romance – e ele se refere ao contemporâneo romance americano. No conto, o que conta é: concisão e compressão. E originalidade, ingenuidade. E finalmente: no conto sempre *algo* acontece. O assunto é de extrema importância, mais do que no *sketch* ou *quadro*.[8]

No início do século XX, a teoria do conto assume posição radical. Mas será que todo conto teria um só episódio? Muitos já lembraram que há contos que, embora obedientes ao princípio da *brevidade* e da *contenção*, têm mais de um episódio. É o caso do conto de Maupassant, "L'Odyssée d'une fille". Aliás, o mesmo autor, anônimo, que faz essa objeção a B. Matthews, faz mais esta: não é porque um conto provoca a *unidade de impressão* que será mais simples ou mais complexo. Uma coisa (a unidade de efeito) nada tem a ver com a outra (a maior ou menor complexidade da obra). Mas essa já é uma outra questão (Anônimo *in:* Current-García; Patrick, 1974).

---

[8] Cf. Mathews, 1974 (este texto foi também publicado em: May, 1976).

A conceituação de Brander Matthews encontra repercussão em outras posteriores. Como na de 1909, também baseada no princípio da *singularidade* dos elementos que compõem o conto, desenvolvida por J. Berg Esenwein, em um dos manuais que proliferaram nas primeiras décadas do século, nos Estados Unidos.

> O conto é uma narrativa breve, que desenrola um só incidente predominante e uma só personagem principal, e contém um assunto cujos detalhes são tão comprimidos e o conjunto do tratamento tão organizado, que produzem uma só impressão (Esenwein, 1909 *apud* May, 1976, p. 229).

Esse princípio seria reafirmado por Carl H. Grabo, em 1913: o conto produz um só efeito (Grabo, 1976, p. 229). E desde esses primeiros anos do século XX, tais herdeiros de Poe, mais ou menos radicais, passariam a influenciar outros tantos estudiosos do assunto.

O perigo do estereótipo

A linha *normativa* gera uma série de manuais que prescrevem *como escrever contos*. E revistas populares propiciam uma comercialização gradativa do gênero. Tais fatos são tidos como um dos elementos responsáveis pela degradação técnica e pela formação de *estereótipos* de contos que, na era industrializada do capitalismo americano, passam a ser arte padronizada, impessoal, uniformizada, de produção veloz e barata.

Natural que preocupações como essas provoquem, por sua vez, um movimento de diferenciação entre o conto *comercial* e o conto *literário*. Daí talvez tenha surgido o preconceito contra o conto: seria ele apenas um *romance condensado* ou, em sentido contrário, um *embrião de romance*? De qualquer maneira, esse modo de conduzir o problema considera o conto uma *forma secundária* em relação ao romance: como *preparação* do romance ou como *ocupação*, em horas de descanso.

A necessidade de revalorização do gênero é uma consequência inevitável. As próprias publicações americanas encampam um movimento de reação: tentam inclusive reivindicar a necessidade de estudos específicos sobre o conto e um estudo das causas de ser o conto uma "arte depreciada".

Essa perspectiva surge do repúdio à artificialidade e à sofisticação que dominaram a produção do conto nas primeiras décadas do século XX nos Estados Unidos, quando o conto se sujeitou a *fórmulas* que Henry Seidel Canby, em 1915, descreve ironicamente como: um diálogo no início; um desenvolvimento até o clímax; um final inesperado; e uma sentença final, de sentimento ou epigramática. Isso, com a obsessão por *duas regras básicas*: (1) eliminar tudo que não contribuísse diretamente para a caracterização da personagem e ação; (2) detectar apenas os pontos altos, sem detalhes inúteis (Canby, 1974).

O exagero das regras, que sacrificara o conto em benefício de fórmulas, proclama a necessidade de libertação das regras. Dessas primeiras décadas datam as críticas severas aos manuais que ditavam *como escrever contos* e críticas às exigências do *plot* (enredo). Alguns textos, reunidos em *What is the short story?*, de E. Current-García e W. R. Patrick, mostram essa preocupação antidogmática patente nos próprios títulos dos artigos. Sherwood Anderson escreve: "Form, not plot", em 1924. E Ring Lardner aconselha, ironicamente: "como não escrever contos". E Katherine Anne Porter ironiza a exigência do editor ao rejeitar contos para publicação mediante a alegação de que: "No plot, my dear, no story" ("Se não há enredo, meu querido, não há história"). E William Saroyan, depois do título, "O que é uma história?", rejeita definições: "O que é, se nada é, uma história?". E mais: "uma coisa é o que ela é, principalmente uma coisa criada" (Saroyan, 1974, p. 80 e 81).

O acentuado caráter *empresarial* da produção do conto, examinado como mercadoria nas suas relações de oferta e procura, acha-se patente nos estudos dos participantes do simpósio internacional sobre o conto, cujos trabalhos foram publicados nas quatro partes da *Kenyon Review*. Ao lado de textos de informação sobre a situação do conto nos diversos países, grande parte dos trabalhos dirige suas atenções para o caráter comercial do conto e as relações entre editor/escritor.

Contra esse modo de se considerar o conto é que surge a louvação do conto russo. Nesse sentido, H. S. Canby, em 1915, exaltava a superioridade do conto russo, que segue o *ritmo da vida*, livre do lema americano com que os editores prensavam os escritores: "Your stories must move, move, move!" ("Suas histórias precisam caminhar, caminhar, caminhar!") (Canby, 1974, p. 53). E exigindo dos escritores remissão exagerada de cada palavra à solução e ao efeito do enredo. E gerando, ainda, outras sujeições nesta cadeia consumista: do escritor ao editor; do editor ao público.

Herman Lima, por exemplo, que vinha publicando artigos sobre o conto desde os anos 1940, na *Revista Brasileira*, publica em 1952 um livro sobre o conto – *Variações sobre o conto* – que marcou a história dos estudos do conto no Brasil.

Seleciono, dentre as tantas definições de conto que Herman Lima apresenta, a de Araripe Júnior, de 1894, em artigo escrito para *A Semana*, revista dirigida por Valentim

Magalhães, em que o autor é categórico quanto à diferença entre conto e romance.

> o conto é monocrônico; o romance, analítico e sincrônico. O conto deve desenvolver-se no espírito como um fato pretérito, consumado; o romance, como a atualidade dramática e representativa. No primeiro, os fatos filiam-se e percorrem uma direção linear; no segundo, apresentam-se no tempo e no espaço, reagem uns sobre os outros, constituindo trama mais ou menos complicada. A forma do conto é a narrativa; a do romance, a figurativa (Araripe Júnior, 1958, p. 41).

Não seria esta definição, assim tão rígida, uma consequência da época em que foi escrita? Talvez. Mas lembre-se de que também nessa época Machado de Assis não só escrevia seus contos, como também escrevia *sobre* eles nas "Advertências" incluídas nas suas coletâneas. E não era tão rigoroso assim.

Esta é uma das muitas citações que nos traz o crítico brasileiro Herman Lima, com o objetivo de mostrar a disparidade de pontos de vista com relação a uma definição do conto. E que nos serve de alerta: é preciso desconfiar das definições autoritárias, que, como toda proposta dogmática, tendem a ser desmentidas pela própria variedade dos objetos que tentam tão rigorosamente definir.

A questão da *brevidade*

O conto é uma forma *breve*. Essa afirmação, que aparece toda vez em que se tenta definir o conto, nos leva a um conhecido ditado: "No conto não deve *sobrar* nada, assim como no romance não deve *faltar* nada".

Para Alceu Amoroso Lima, numa conferência que fez sobre o conto na Academia Brasileira de Letras, em 1956, ɔ conto é: uma obra de ficção; uma obra de ficção em prosa; uma obra curta de ficção em prosa. E completa:

> O tamanho, portanto, representa um dos sinais característicos de sua diferenciação. Podemos mesmo dizer que *o elemento quantitativo é* o mais objetivo dos seus caracteres. O romance é uma narrativa *longa*. A novela é uma narrativa *média*. *O* conto é uma narrativa *curta*. O critério pode ser muito empírico, mas é muito verdadeiro. *É* o único realmente positivo (Amoroso Lima, 1958, p. 14).

E parece que é mesmo, porque quando se propõe a caracterizá-lo quanto ao aspecto *qualitativo*, o problema torna-se mais complicado. Eis um exemplo: "Enquanto no romance o *tempo* domina o espaço, no conto a primazia pertence ao *espaço* sobre o tempo" (Amoroso Lima, 1958, p. 14).

No entanto, mesmo em Poe, a questão não era propriamente e tão simplesmente a do *tamanho*. E também para Norman Friedman, em "What makes a short story short?", a brevidade, considerada como fator diferencial, baseia-se apenas nos *sintomas* e não nas *causas*. A questão não é "ser ou não ser breve". A questão é: "provocar ou não maior impacto no leitor" (Friedman, 1976, p. 133).

Nesse caso, o conto pode ter até uma forma mais desenvolvida de ação, isto é, um *enredo* formado de dois ou mais episódios. Se assim for, suas ações, no entanto, são independentes, enquanto que no romance dependem intrinsecamente do que vem antes e depois. O conto é, pois, conto, quando as ações são apresentadas de um *modo* diferente das apresentadas no romance: ou porque a ação é *inerentemente curta,* ou porque o autor escolheu *omitir algumas de suas partes.* A base diferencial do conto é, pois, a *contração*: o contista condensa a matéria para apresentar os seus melhores momentos. Pode haver o caso de uma ação *longa* ser *curta* no seu modo de narrar, ou então ocorrer o inverso.

Daí a conclusão a que chega Norman Friedman:

> um conto é curto porque, mesmo tendo uma ação longa a mostrar, sua ação é melhor mostrada numa forma contraída ou numa escala de proporção contraída (Friedman, 1976, p. 134).

Para tanto, mobiliza alguns recursos narrativos favoráveis a esse intento de seleção, mediante *omissão*, *expansão*, *contração* e *pontos de vista*.

O que não se pode afirmar é que uma história é curta porque tem *um certo número de palavras* ou porque tem *mais unidade* ou porque enfoca *mais o clímax que o desenvolvimento* da ação.

O que podemos considerar, afirma Norman Friedman, é *como* e *por que* tais recursos acontecem e os modos vários de responder a essas questões, de acordo com as *possíveis combinações* de tais elementos narrativos. Ou seja: de como aparecem tais combinações em cada conto.

Dos males, o menor

Sobre a brevidade, lembro ainda Machado de Assis, que, na "Advertência" às suas *Várias histórias*, afirma que juntou esses contos em função do tamanho: as trezentas páginas do livro. Nesta mesma advertência, acrescenta uma declaração de intenções "aos que acharem excessivos tantos contos": "É um modo de passar o tempo". É uma desculpa de *aparente* modéstia: "não pretendem sobreviver como os do filósofo" (referindo-se a Diderot, que cita na epígrafe). Pois "não são feitos daquela matéria, nem daquele estilo que dão aos de Mérimée o caráter de obras-primas, e colocam os de Poe entre os primeiros da América" (Machado de Assis, 1974, v. 2, p. 476).

Desconfio, sempre, de Machado de Assis. E da sua modéstia. Mas concordo com ele quando reconhece que: "O tamanho não é o que faz mal a este gênero de histórias; é naturalmente a sua qualidade". E também quando reconhece, "em alguns casos", a grande vantagem de os contos serem mais curtos que os romances: "mas há sempre uma qualidade nos contos, que os torna superiores aos grandes romances, se uns e outros são medíocres: é serem curtos".

O conto *excepcional* (Julio Cortázar)

O conto *excepcional*, para Julio Cortázar, tal como o considera no seu texto intitulado "Alguns aspectos do conto", não é o conto que traz o *extraordinário anormal*, como os contos de Poe; nem o conto que traz o *extraordinário fantástico*, como os contos do próprio Cortázar. O conto *excepcional*, segundo Cortázar, é o conto muito bom. Excepcional é a marca de qualidade literária que torna alguns contos inesquecíveis para quem os lê.

De fato, para que o conto *fisgue* o leitor é preciso que tenha algo mais, aquela "alquimia secreta" de que nos fala Cortázar. Ou então:

O excepcional reside numa qualidade parecida à do imã; um bom tema atrai todo um *sistema de relações* conexas, coagula no autor, e mais tarde no leitor, uma imensa quantidade de noções, entrevisões, sentimentos e até ideias que lhe flutuavam virtualmente na memória e na sensibilidade; um bom tema é como um sol, um astro em torno do qual gira um sistema planetário de que muitas vezes não se tinha consciência até que o contista, astrônomo de palavras, nos revela sua existência (Cortázar, 1974, p. 154).

Vimos várias dessas condições ao percorrermos as teorias do conto. Mas Cortázar parece dar o fecho necessário, ao considerá-las em conjunto, como "um sistema de relações", em que cada elemento tem sua função específica e insubstituível.

O conto, o romance, a fotografia, o cinema

A comparação que Julio Cortázar estabelece entre "romance/cinema" e "conto/fotografia" facilita a compreensão das suas diferenças e, ao mesmo tempo, realça os critérios de valor para um julgamento do que seria um *bom conto*. Ou seja, realça

os elementos invariáveis que dão a um bom conto a atmosfera peculiar e a qualidade de obra de arte (Cortázar, 1974, p. 149).

Na comparação, o *romance* está para o *conto* assim como o *cinema* está para a *fotografia*. Ou então: há elementos de semelhança entre o romance e o cinema, e entre a fotografia e o conto. Isso,

na medida em que um filme é em princípio uma "ordem aberta", romanesca, enquanto que uma fotografia bem realizada pressupõe uma *justa limitação prévia*, imposta em parte pelo reduzido campo que a câmara abrange e pela forma que o fotógrafo utiliza esteticamente essa limitação (Cortázar, 1974, p. 151).

No entanto, para alguns fotógrafos, a arte da fotografia se apresenta como um aparente paradoxo, que Cortázar considera também próprio do conto:

o de recortar um fragmento da realidade, fixando-lhe determinados limites, mas de tal modo que esse recorte atue como uma explosão que abre de par em par uma realidade muito mais ampla (Cortázar, 1974, p. 151).

Já o *romance* e o *cinema* agem por *acumulação*:

a captação dessa realidade mais ampla e multiforme é alcançada mediante o desenvolvimento de elementos parciais, acumulativos, que não excluem, por certo, uma síntese e que deem o "clímax" da obra (Cortázar, 1974, p. 151).

Na *fotografia* e no *conto*, em vez da acumulação, o que importa é a *seleção do significativo*: surge a

necessidade de escolher e limitar uma imagem ou acontecimento que sejam *significativos*, que não só valham por si mesmos, mas também sejam capazes de atuar no espectador ou no leitor *como* uma espécie de *abertura*, de fermento que projete a inteligência e a sensibilidade em direção a algo que vai muito além do argumento visual ou literário contido na foto ou no conto (Cortázar, 1974, p. 151-152).

O que Cortázar ouve de um escritor argentino, apreciador de boxe, arremata a distinção que desenvolve entre romance e conto:

Nesse combate que se trava entre um texto apaixonante e o leitor, o romance ganha sempre por pontos, enquanto que o conto deve ganhar por *knock-out* (Cortázar, 1974, p. 152).

O significativo, a intensidade e a tensão

Embora vários elementos concorram para a criação de um conto, parece que o destino de sucesso ou fiasco depende menos desses elementos que do *modo* como são tratados pelo contista. Ou seja: o que decide se um conto é bom ou ruim é o procedimento do autor, e não propriamente este ou aquele elemento isolado.

Tais elementos são elaborados de forma a permitir que o conto se torne *significativo*. Segundo Cortázar,

> Um conto é significativo quando quebra seus próprios limites com essa explosão de energia espiritual que ilumina bruscamente algo que vai muito além da pequena e às vezes miserável história que conta (Cortázar, 1974, p. 153).

Para que isso ocorra, o

> tempo e *o* espaço do conto têm de estar *como* que condensados, submetidos a uma alta pressão espiritual e formal para provocar essa "abertura" (Cortázar, 1974, p. 152).

Além da capacidade de captar o mais significativo, há outros quesitos que favorecem a conquista do interesse do leitor ou do "sequestro momentâneo do leitor", segundo Cortázar, este discípulo de Poe, que de certa forma está a reiterar a lição do *mestre*. Pois o que é a intensidade senão a eliminação do supérfluo, de que já tratava Poe? Pois intensidade, para Cortázar, é a eliminação de todas as ideias e/ou situações intermédias, de todos os recheios ou fases de transição que o romance permite e mesmo exige (Cortázar, 1974, p. 157).

Nos contos de intensidade, como em "O barril de Amontillado", de Poe, "os fatos, despojados de toda preparação, saltam sobre nós e nos agarram" (Cortázar, 1974, p. 157). Diferente dessa intensidade é a tensão, que "é uma intensidade que se exerce na maneira pela qual o autor nos vai aproximando lentamente do que conta", tal como em "A lição de mestre", de Henry James. Nesses contos de tensão,

> sente-se de imediato que os fatos em si carecem de importância, que tudo está nas forças que os desencadearam, na malha sutil que os precedeu e os acompanha (Cortázar, 1974, p. 158).

Uma bolha de sabão

Sim, "uma bolha de sabão que se desprende do autor, do seu pito de gesso" (Cortázar, 1974, p. 230). Essa é a imagem que Cortázar cria para representar a autarquia do conto ou sua capacidade de existir ou de respirar por si, independentemente de quem o fabula. É a figura que representa também a forma *fechada* e *tensa* do conto, como o fora para Poe. Tal como o modelador de argila, o contista trabalha a forma de dentro para fora, até sua tensão maior, na *forma esférica*: a forma do conto é a da esfera, construída sob tensão máxima, e em cujo interior o escritor deve mergulhar, antes de soltá-la. Cortázar, em "Do conto breve e seus arredores", endossa o 10º mandamento do decálogo do perfeito contista, do uruguaio

Horacio Quiroga, pois concorda que, para se escrever um conto, seja necessário o autor pressupor um pequeno ambiente, fechado, esférico, do qual ele mesmo poderia ter sido uma das personagens.

Uma bolha de sabão, que atrai atenções e prende os interesses justamente pela sua força de tensão, na luta para preservar a sua esfericidade. Que, se não se mantiver suficientemente forte, pode se desvanecer, com um leve sopro.

O conto, o poema, o *jazz*

O *excepcional*, chave de compreensão do conto em Cortázar, também caracteriza a poesia. Conto e poesia têm a mesma origem, enquanto arte que "nasce de um repentino estranhamento, de um *deslocar-se* que altera o regime 'normal' da consciência", afirma Cortázar no mesmo ensaio (Cortázar, 1974, p. 234).

No entanto, o conto não tem intenções. E a poesia tem, tal como ela é entendida a partir de Baudelaire. A poesia dispõe de "uma espécie de magia de segundo grau, tentativa de posse ontológica e não já física, como na magia propriamente dita", e o conto não. O conto "não tem intenções essenciais, não indaga nem transmite um conhecimento ou uma mensagem" (Cortázar, 1974, p. 234). Embora, para Cortázar, o conto se aproxime mais da poesia que da prosa. Pois a eficácia e o sentido do conto

> dependem destes valores que dão um caráter específico ao *poema* e também ao *jazz*: a tensão, o ritmo, a pulsação interna, o imprevisto dentro de parâmetros pré-vistos, essa *liberdade fatal* que não admite alteração sem uma perda irreparável (Cortázar, 1974, p. 235).

Essa última observação nos remete também, e de forma irreparável, para os contos do próprio Cortázar, que se desenvolvem em vertiginosa busca do inalcançável, pelas formas espiraladas em ritmo de *jazz,* que por vezes compõem a própria estrutura dos seus contos (Ver Arrigucci Júnior, 1974).

Um conto de Cortázar

Sente-se em toda a teoria do conto de Julio Cortázar a presença de um E. A. Poe, que Cortázar admirava, que Cortázar traduziu e estudou. Voltamos, neste final de percurso pela teoria do conto, ao nosso ponto de partida. De Poe a Poe.

Basta nos lembrarmos de um dos famosos contos de Julio Cortázar, "Casa tomada" ([1951] 1971). Tal como ele próprio anunciava, o sentido primeiro do conto se amplia em outros tantos possíveis, dependendo da *tomada* que dele se faça. Pois dois irmãos viviam numa casa ou no *interior* de uma casa, que tem a marca do passado histórico (foi de bisavós, de avós e dos pais). Vivem aí juntos: "Irene e eu". Ela, tecendo. Ele, lendo. As relações com o *exterior* atendem à utilidade imediata desta ocupação *interior*. Ele sai para comprar lã, para ela; livros, para ele.

Numa segunda etapa, ocorre minuciosa descrição do imóvel, de todos os seus cômodos. E, de repente, começam, inexplicavelmente – e daí o seu caráter fantástico –, começam os ruídos. As personagens fecham as partes da casa *tomadas* pelos ruídos e vão recuando para outras, que vão sendo também progressivamente *tomadas*. Até que a casa fica totalmente tomada. E os dois, com o que tinham no corpo, encontram-se na rua.

O conto, sóbrio na sua economia de detalhes, fisga apenas *o mais significativo*. Isso poderia ser demonstrado pela análise de cada elemento do conto. Menciono um, como exemplo. Quando *ele* sai para comprar livros, acrescenta: "Desde 1939 não chegava nada de bom à Argentina". Esse dado sugere a situação de país visado – ou tomado – pela repressão. E não seria a casa "tomada" o espaço gradativamente invadido, sem saber como nem por quê, por um poder político absurdo, despótico, mais forte que o das duas *pessoas* ali unidas por um afeto (incestuoso?) e por ocupações vitais: o tecer e o ler?

O conto trabalha a *intensidade* e também a *tensão*: a casa ser tomada aos poucos e inesperadamente por ruídos. Essa é a base da construção do *fantástico*, pois não se sabe que ruídos são esses. Basta uma constatação: a de que eles acontecem. E têm a força de eliminar pessoas... da casa? Do país?

Um conto, duas histórias (Ricardo Piglia)

Ricardo Piglia, em "Teses sobre o conto", capítulo com onze breves fragmentos incluídos no seu livro *Formas breves*, afirma que um conto oferece sempre duas histórias. Esta é sua primeira tese. Há uma história aparente; e outra secreta. E conclui: "O efeito de surpresa se produz quando o final da história secreta aparece na superfície" (Piglia, 2004, p. 90).

Para explicitar essa modalidade de construção narrativa, o escritor argentino recorre a exemplo extraído de um caderno de notas do contista russo Tchekhov. "Um homem em Monte Carlo vai ao cassino, ganha um milhão, volta para casa, suicida-se." O que acontece é que se desmonta a forma tradicional e previsível de conexão entre o *jogar-perder-suicidar-se*. Ocorre uma *cisão* entre a história do jogo e a história do suicídio. Formam-se duas histórias. Define-se aí o *caráter duplo* do conto.

O ensaísta se vale de detalhes para esclarecer a relação entre as duas histórias contidas num só conto: "O conto clássico (Poe, Quiroga) narra em primeiro plano a *história 1* (o relato do jogo) e constrói em segredo a *história 2* (o relato do suicídio). A arte do contista consiste em saber cifrar a *história 2* nos interstícios da *história 1*. Um relato visível esconde um relato secreto, narrado de um modo elíptico e fragmentário" (Piglia, 2004, p. 90).

Não parece fácil lidar com duas histórias ao mesmo tempo. É o crítico que pergunta: "Como contar uma história enquanto se conta outra? Essa pergunta sintetiza os problemas técnicos do conto". Eis, então, a sua segunda tese: "a história secreta é a chave da forma do conto e de suas variantes" (Piglia, 2004, p. 91).

Nessa versão moderna do conto, que Ricardo Piglia encontra em autores como Tchekhov, Katherine Mansfield, Sherwood Anderson e Joyce do volume *Dublinenses*, ocorre mudança de recursos usados, como, por exemplo, não mais adotar a construção de uma estrutura fechada, e sim a incorporação de uma tensão entre as duas histórias – "sem nunca resolvê-la". E evidencia fundamental diferença entre o conto clássico e o moderno: "O conto clássico à Poe contava uma história anunciando que havia outra; o conto moderno conta duas histórias como se fossem uma só" (Piglia, 2004, p. 91). Uma das consequências de tal ocorrência é que "o mais importante nunca se conta". E complementa: "A história é construída com o não dito, com o subentendido e a alusão" (Piglia, 2004, p. 95-96).

Depois de "ensaiar" como a história de Tchekhov seria contada por Hemingway, por Kafka e por Borges – diga-se, num excelente e bem-sucedido exercício para se perceber os *diferentes modos de se construir um relato* –, o contista argentino conclui suas considerações: "O conto é construído para revelar artificialmente algo que estava oculto" (Piglia, 2004, p. 94). Cita Rimbaud, remontando à "visão instantânea que nos faz descobrir o desconhecido, não numa remota *terra incógnita*, mas no próprio coração do imediato" (Piglia, 2004, p. 94). E fecha suas teses sobre o conto: "Essa iluminação profana converteu-se na *forma* do conto" (Piglia, 2004, p. 94).

O crítico argentino discorre ainda sobre o tema em "Novas teses sobre o conto", incluído também no volume *Formas breves*, em que amplia comentários referentes à *criação* desse tipo de relato.

Nesse texto, Ricardo Piglia parte de uma história narrada por Italo Calvino em *Seis propostas para o próximo milênio*, centrando sua atenção num dos detalhes do conto: o tempo que o personagem Chuang-Tzu levou para desenhar um caranguejo. Passaram-se anos e, de repente, "num instante, com um único gesto", consegue fazer o desenho. Essa história motiva reflexão que envolve vários pontos de interesse em torno do conto e da arte, em geral: o tempo de duração na elaboração da obra, o tempo de espera de sua maturação, a dificuldade de se medir seu valor social enquanto horas de trabalho, o resultado efetivo do produto artístico.

Igualmente interessante é a questão referente ao modo de se terminar uma história. O crítico retoma episódio divertido da contista norte-americana Flannery O'Connor, que recorre à opinião de uma sua tia, para quem uma história acaba apenas quando alguém se casa ou mata alguém...

De fato, segundo o crítico, os finais revelam "o sentido" da história que depende da expectativa de um interlocutor implícito, aquele que ouve a história, ou para quem o relato é dirigido. Daí a importância da tradição oral no conto, tão ressaltada por Jorge Luis Borges e retomada por Ricardo Piglia.

A arte de narrar, para Borges, gira em torno desse duplo vínculo. Ouvir um relato que se possa escrever, escrever um relato que se possa contar em voz alta (Piglia, 2004, p. 101).

Essa característica do conto, ainda segundo Borges pela via de Piglia, o romance perdeu à medida que desvanece o rastro de um interlocutor presente que torna possível "o subentendido e a elipse, e portanto, a rapidez e a concisão dos relatos breves e dos contos orais" (Piglia, 2004, p. 101).

Dessa forma, os contos de Borges reforçam a tese de Ricardo Piglia sobre o conto de um modo duplo: não só porque "o final faz ver um sentido secreto que estava cifrado e como que ausente na sucessão clara dos fatos" (Piglia, 2004, p. 103), mas também porque recupera certo poder do interlocutor implícito, ou seja, a importância de quem ouve o relato.

Um conto de Jorge Luis Borges

É o que podemos observar, entre tantos relatos de Jorge Luis Borges, no seu conto intitulado "A forma da espada", escrito em 1942 e incluído no volume *Artifícios*, de 1944 (1991). Crucial para o desenvolvimento da trama é o início do conto, em que se introduz o *detalhe* que permanece como motivo de um segredo, ao longo da narrativa: a cicatriz no rosto do personagem conhecido como Inglês de La Colorada. Como surgira essa cicatriz? É o que o Inglês conta a um ouvinte, em conversa que tiveram após beberem umas e outras.

É bem verdade que o contista, ao anunciar detalhes referentes à caracterização do seu protagonista, o Inglês proprietário dos campos La Colorada, cria uma situação de dubiedade, ao afirmar sem ter certeza do que afirma, usando expressões como "Dizem que". Eis um exemplo: "Dizem que era severo até a crueldade, mas escrupulosamente justo". E também: "Dizem que era beberrão", o que acarretava consequências estranhas, como a de se recolher por dois ou três dias.

O ambiente de incerteza – motivado provavelmente pela ação da bebida – leva o visitante a mencionar a cicatriz. E daí surge a proposta do Inglês: contaria a história dessa cicatriz, mas com uma condição, a de não ser julgado por seus atos.

O que se segue é um texto entre aspas que registra a fala do Inglês, que a essa altura já havia esclarecido ao seu interlocutor que era, na verdade, irlandês. E a tal história que conta se desenvolve justamente na Irlanda, nos tempos de batalha pela independência, quando, entre tantos companheiros de luta, "republicanos, católicos" e "românticos", surge um rapaz de vinte anos: John Vincent Moon.

A caracterização do moço recém-chegado passa por detalhes físicos e sobretudo ideológicos, que o narrador Borges expõe deixando escapar certa ironia: o moço era comunista e "o materialismo dialético servia-lhe para fechar qualquer discussão". E mais: "Moon reduzia a história universal a um sórdido conflito econômico. Afirmava que a revolução está predestinada a triunfar" (Borges, 1991, p. 548). Eis um primeiro motivo para os desentendimentos entre os dois camaradas.

Uma cena seguinte coloca-os em meio a um tiroteio. Enquanto o Inglês tenta escapar, Moon fica paralisado de terror, sem ação. Pois o Inglês, corajoso, derruba um soldado que surge nesse momento e volta para resgatar o companheiro, que na fuga leva um tiro no ombro direito.

Refugiam-se na chácara do general Berkeley, cenário que, se por um lado ganha no parágrafo uma especificação de tempo da ação – o outono de 1922 –, por outro lado funciona como mais uma peça favorável ao cultivo da atmosfera de incertezas: "o edifício se excedia em perplexos corredores e vãs antecâmaras" e a biblioteca abrigava "livros controversos e incompatíveis" (Borges, 1991, p. 549).

É nesse ambiente que se manifestam mais detalhes referentes ao caráter do moço Moon. Ao chegarem à chácara, Moon reconhece que o companheiro havia se arriscado em demasia ao tentar salvá-lo. Por outro lado, depois de uma conversa sobre a parca situação financeira do partido e diante da necessidade de se unirem aos companheiros, Moon parece simular um motivo para não ir à luta. "Conjeturou que tinha febre; invocou um doloroso espasmo no ombro". E o Inglês conclui: "Então compreendi que sua covardia era irreparável" (Borges, 1991, p. 550).

Nesse momento o Inglês faz conjeturas a respeito das reações do companheiro. "Envergonhava-me esse homem com medo, como se eu fosse o covarde, não Vincent Moon". E mais: "O que faz um homem é como se o fizessem todos os homens" (Borges, 1991, p. 550). As atitudes de Moon repercutem no companheiro, de modo a levá-lo a generalizações de ordem moral e a reforçar a diferença entre esses dois personagens em ação.

E mais uma vez menciona-se a cicatriz. "Nove dias passamos na enorme casa do general. Das agonias e luzes da guerra não direi nada: meu propósito é contar a história desta cicatriz que me ultraja" (Borges, 1991, p. 550). Em seguida o narrador conta, sim, as lutas e as conversas que travaram nesses dias. Até que chega o décimo dia.

E nesse décimo dia o Inglês, ao chegar da rua, em que presencia os horrores da luta, ouve conversa do Moon delatando-o a um inimigo. Mais uma carga de incertezas: "Aqui minha história se confunde e se perde. Sei que persegui o delator através de negros corredores de pesadelo e de fundas escadas de vertigem" (Borges, 1991, p. 551). Até que o Inglês consegue encontrá-lo. E marca-o com a meia-lua de sangue.

É quando o personagem Inglês se dirige ao seu interlocutor, que se revela ser mesmo o autor do conto: "Borges: a você que é um desconhecido, fiz-lhe esta confissão. Não me dói tanto seu menosprezo" (Borges, 1991, p. 551).

O recurso do narrador, então, é o de aumentar a expectativa desse final de história. "Aguardei em vão a continuação da história. Disse-lhe então que prosseguisse" (Borges, 1991, p. 551).

Eis o final da história, aqui transcrito, para melhor se perceber o exato momento em que se desvenda o segredo.

> – Você não me acredita? – balbuciou. – Não vê que levo escrita no rosto a marca de minha infâmia? Narrei-lhe a história desta forma para que você a ouvisse até o fim. Denunciei o homem que me amparou: eu sou Vincent Moon. Despreze-me agora (Borges, 1991, p. 551).

Por meio de fórmula espiralada, o narrador conta a história que é fabulada pelo personagem que, no final, revela ser não o sujeito anunciado como agressor (o que marca o outro com a espada), mas o que é atacado pelo adversário, com as consequências que a revelação propõe: o protagonista passa de corajoso a medroso, de protetor a delator, de vingativo a vítima da vingança.

Embora uma história tenha sido anunciada logo no início – a história da cicatriz –, não é essa, pois, a que se mantém em segredo, mas a outra: quem era, na verdade, o infame?

Duas histórias antagônicas correm paralelamente: a história contada pelo Inglês La Colorada (a infâmia e cicatriz de Moon); a história contada pelo Inglês La Colorada não mais como sendo o Inglês, mas o outro, John Vincent Moon (a infâmia e cicatriz do Inglês). A reversão final provoca uma mudança do ponto de vista do leitor, obrigado a rever seu conceito em relação a esse personagem e a montar outra leitura: a leitura de uma segunda história até então mantida em segredo.

Confirma-se a proposta de Ricardo Piglia nas suas "Novas teses sobre o conto": a de que "a arte de narrar se baseia na leitura equivocada dos sinais" (Piglia, 2004, p. 113). E no fato de que compete ao bom contista conduzir o leitor a esse engano, construindo paralelamente uma história secreta que, nesse caso, e para surpresa do leitor, só se desvenda mesmo nas últimas linhas do relato.

Do conto ao microconto

O conto não ficou imune às novas tecnologias. Mudam-se os tempos, mudam-se os costumes, mudam-se os textos. Principalmente a partir dos anos 1980, com a difusão da internet, a *web* torna-se palco de novas modalidades de comunicação com as mensagens eletrônicas, os blogs, as redes sociais.

Acompanhando a leitura rápida nas telas de um iPad, ou iPhone, os contos tradicionais passam por uma redução de tamanho: dos contos breves aos brevíssimos. Conta-se uma história em poucas linhas, de preferência no espaço que lhe cabe na tela do aparelho eletrônico em uso.

E a divulgação até hoje nos parece surpreendente. Se algumas plataformas incluem bilhões de usuários, há aí potencialmente bilhões de possíveis leitores com a possibilidade de, por vezes, tradução simultânea.

Natural que o gênero se adapte a essas novas circunstâncias de produção e de recepção. No entanto, a micronarrativa não é tão nova assim.

Franz Kafka, por exemplo, praticou esse gênero de texto breve. O relato "À noite", inserido no volume *Narrativas do espólio* (1914-1924), não leva mais que dezesseis linhas para se construir como narrativa, centrada na visão de um personagem "afundado na noite", diante de pessoas deitadas, "a testa premida sobre o braço, o rosto voltado para o chão", enquanto o protagonista, diante deles, vigia. A pergunta que fecha o texto enxuto suscita interpretações diversas: "Por que você vigia? Alguém precisa vigiar, é o que dizem. Alguém precisa estar aí" (Kafka, 2002, p. 114).

Se, por um lado, está patente a ação de um, em estado de vigilância, diante dos outros, os vigiados, fica em suspenso a causa da vigilância. Quem seriam essas pessoas vigiadas, sem rosto, ali em pleno chão? "Um acampamento ao ar livre, um número incalculável de pessoas, um exército, um povo, sob o céu frio, na terra fria" (Kafka, 2002, p. 114).

Esse *quadro*, como se fosse uma pintura a retratar a miséria e a força do poder de um sobre outros e de modo tão realista, abre diferentes perspectivas de interpretação. Faculta uma associação com os sem-teto espalhados pelo mundo.

Ou com os grupos de judeus perseguidos e exterminados nos anos 1940, durante a Segunda Grande Guerra, conforme o autor austro-húngaro teria vaticinado. Ou pode nos remeter, nos tempos atuais, às multidões de emigrantes de países em guerra, procurando abrigo, por vezes, em vão, nos países europeus. Mas o efeito, único, parece recair sobre a alienação de quem vigia, peça na engrenagem de um sistema que lhe é estranho. Age sem saber por quê. E sem nem mesmo indagar por que seria. E causa uma reação de mal-estar no leitor, diante de tamanha indiferença, ou alienação, ou impotência do vigilante?

Do ponto de vista da classificação do gênero conto, como situar esse texto? Modesto Carone, responsável pela tradução e organização do livro de Kafka aqui mencionado, assinala, no posfácio de sua autoria inserido no volume, que seria descabido "traçar uma visão mesmo panorâmica de trinta e uma peças das mais variadas extensões e dos temas mais diversos" (Carone, 2002, p. 220).

Classificar tais textos em função do gênero, dada a variedade de formatos que assumem, talvez fosse também "descabido" – ainda que tais "peças", por vezes, estejam centradas numa ação (em "À noite", o ato de vigiar, paralelamente ao ato de dormir sendo vigiado) e nos transmitam um efeito único (no conto citado, a indignação diante da ação de vigiar sem explicação, sem causa, sem justificativa, possivelmente sem justiça).

Ocorre que, se o tradutor menciona o termo "narrativas" ao discorrer sobre como nomear os textos aí incluídos, lembra, contudo, que o próprio Kafka se refere a tais textos como "peças", ou "pequenas peças", ou simplesmente "histórias".

A fragmentação da narrativa e a diluição dos limites entre os gêneros levam fatalmente a essa dificuldade. Lembre-se de que Clarice Lispector nomeou "romance" a sua obra *A maçã no escuro*, publicada em 1961, mas o seu livro *Um sopro de vida* nos é apresentado como sendo simplesmente "pulsações". Publicou *Alguns contos*, em 1952, e os contos de *Laços de família*, em 1960, mas os textos de *Visão do esplendor* são registrados como sendo "impressões leves". Instaura-se, na literatura de Clarice Lispector, a questão dos limites não só entre tipos de romances, de contos, mas também entre os contos e microcontos, entre as crônicas e microcrônicas. Como classificar, por exemplo, "A vez de missionária"?[9] Crônica? Conto? Microcrônica? Microconto? Narrativa?

As múltiplas possibilidades de modos de narrar continuam nessas chamadas micronarrativas que agora invadem a *web*. Algumas são também reunidas em livros. Outras ficam ali, à espera das visitas virtuais. E quantas, literalmente, não se reatualizam, reinventadas nessas plataformas digitais?

Melhor chamá-las assim. Micronarrativas. Pelo menos nos protegeríamos de classificações rígidas que poderiam facilmente induzir ao erro, ao forçar generalizações nada confiáveis.

A criatividade nas definições do conto

Quanto já se exerceu o poder criador na tentativa de se definir esse *gênero* criativo que é o conto!

Alguns conservam, sobriamente, a condição de *tempo de leitura* como critério: o conto pode ser qualquer peça de ficção passível de ser lida em meia hora.

---

[9] Publicado em *A legião estrangeira* (1964), essa crônica ganha nova versão, aumentada, com o título de "Encarnação involuntária", no *Jornal do Brasil* (4 jul. 1970) e no livro de crônicas *A descoberta do mundo* (1984).

Outros recorrem à condição do *maior impacto*. Então o conto é comparado a uma corrida de cavalos: o que define é a *largada* e a *chegada*. E para Roberto Arlt livros de contos são como "livros que trazem a violência de um *cross*" – ou soco cruzado nas mandíbulas (Arlt, 2020, p. 12). Já vimos a imagem da luta de boxe adotada por Julio Cortázar, a de que o romance ganharia por contagem de pontos e o conto, por nocaute.

Outros ressaltam sua *flagrância* do presente, por ser o conto uma *ficção livre,* mais apta a representar a vida moderna na sua multiplicidade de situações, impressões e incidentes. Por isso, para William Carlos Williams, o romance seria um quadro, e o conto, uma pincelada. Forma virtuosa, o conto "é um voo da imaginação completo: para cima e para baixo" (Williams, 1950 *apud* May, 1976, p. 232).

Não falta a recorrência à topologia. Para Boris 1971, o romance é comparado

> a um longo passeio através de que supõe um retorno tranquilo; a novela, à escalada de uma colina, tendo por finalidade oferecer-nos a vista que se descobre dessa altura (Eikhenbaum, 1971, p. 162-163).

E o mesmo autor, quando se refere especialmente ao conto ou novela de enigma, recorre à imagem do cálculo matemático:

> A novela [ou conto] lembra o problema que consiste em colocar uma equação a uma incógnita; o romance é um problema de regras diversas que se resolve através de um sistema de equações com muitas incógnitas, sendo as construções intermediárias mais importantes que a resposta final. A novela é um enigma; o romance corresponde à charada ou ao jogo de palavras (Eikhenbaum, 1971, p. 163).

Nem falta o elemento erótico. Como no depoimento da escritora Mrs. Janeway, ao declarar sua preferência pelo romance, em relação ao conto:

> Sou como o marido vitoriano que falava da profunda paz da cama dupla no casamento, depois do "hurly burly" da "chaise longue"; o romance é como aquela maravilhosa cama dupla, eu não consigo voltar atrás para a chaise longue [...] (Janeway, 1976, p. 102).

Alguns truques para se escrever... contos (Horacio Quiroga)

Nem falta também, no rol das definições criativas, um "manual do perfeito contista", criado pela ironia do célebre contista uruguaio Horacio Quiroga.

Outros tantos estudiosos apresentaram também seus repertórios. É o caso de Raúl Castagnino, que afirma: o conto deve ter ação concentrada, única tensão narrativa, suficiente dose de sugestão, linguagem adequada, aprofundamento do espaço literário, tudo de modo a que ele "permaneça na mente do leitor e o deixe 'trepidante'" (Castagnino, 1977, p. 93).

E Herman Lima, em *Variações sobre o conto*, valendo-se de alguns teóricos, reconhece no conto clássico – de início, meio e fim – a síntese, o acidente, o drama de uma situação, a tensão poética e a clareza.

Mas Horacio Quiroga ironiza os repertórios. Tão irônico na crítica! E tão trágico na vida (com suicídios na família, inclusive o seu próprio) e nos contos (*Cuentos de amor, de locura y de muerte*, de 1947, por exemplo). E parodia, assim, os repertórios feitos a sério, dando-nos "receitas de procedimentos ao alcance de todos", "procedimentos mais usuais e seguros" que facilitarão a "confecção caseira, rápida e sem falhas" do que "veio a se considerar o mais difícil dos gêneros literários" (Quiroga, 1970, p. 61).

E nos passa algumas *dicas* sobre o conto. Por exemplo: como começar? Pelo fim. Porque no conto, tal como no soneto, é preciso saber aonde se vai, e o mais difícil é achar a frase final. Mais uma vez vigoram as *intenções* de Poe a regular a economia dos meios narrativos.

Começar, também, com as "velhas fórmulas abandonadas, do tipo 'Era uma formosa noite de primavera...' e 'Era uma vez...'", que são ainda as mais eficientes se... o que vem depois é bom. "Porque se nada prometem e nada sugerem, justamente por isso despertam a malícia, como se estivessem a encobrir uma mulher maravilhosa..." (Quiroga, 1970, p. 64).

Começar também pelo "lugar comum", mas se usado de má-fé, fora de lugar. Exemplo: usar "pálido como a morte" não para a noiva morta, mas para a noiva viva.

Esta arte íntima do conto, que ele compara a uma mulher bonita, tem seus "truques":

> deve valer-se de ligeiras formosuras, pequenos encantos muito visíveis, que o artista deve espalhar aqui e ali por sua história (Quiroga, 1970, p. 65).

Como o uso da tal da *cor local*: se quer escrever um conto regionalista e não conhece o lugar onde se passará a história, ponha um *poncho* nas personagens e solte-as em espanhol mal falado e... terá um conto de *folclore nacional*...

A audácia do contista é sempre sua condição necessária:

> o artista que não se atreve a perturbar com giros ininteligíveis o seu leitor, deve mudar de ofício (Quiroga, 1970, p. 68).

E Quiroga ainda constata que há "escritores para homens", que geralmente usam mal o idioma. E "escritores para damas", sobre os quais diz não estar bem-informado, pois devem eles ter o "dom da sensibilidade particularíssima", que escapa à maioria dos escritores.

Algumas dessas propostas, sistematicamente reunidas num "decálogo", num "manual" ou numa série de "truques", chegam a compor uma síntese, quando Quiroga, ao comentar a crise do conto nacional, endossa as três qualidades de contistas apresentadas por Liev Tolstói: *sentir com intensidade, atrair a atenção* e *comunicar com energia os sentimentos.* Porque um conto diluído é como um perfume rarefeito: "não se percebe mais a intensidade essencial que constituía sua virtude e seu encanto" (Quiroga, 1970, p. 95).

É também Quiroga que, nesse mesmo artigo, resume a distinção conto/novela:

> Se não é de todo exata a definição de *síntese* para a obra do contista, e de *análise* para a do novelista, nada melhor pode achar-se (Quiroga, 1970, p. 94).

E é também Quiroga que, ao se referir à retórica do conto, por uma definição tão simples do conto literário, liga-o ao seu passado e aos seus ancestrais.

> O conto literário consta dos mesmos elementos que o conto oral e é, como este, o relato de uma história bastante interessante e suficientemente breve para que absorva toda a nossa atenção (Quiroga, 1970, p. 115).

Justamente por isso o conto permanece. "E o homem contará sempre, por ser o conto a forma natural, normal e insubstituível de contar" (Quiroga, 1970, p. 116).

O conto: uns casos

Machado de Assis: afinal, qual é o enredo?

"Nunca pude entender a conversação que tive com uma senhora, há muitos anos, contava eu dezessete, ela trinta" (Machado de Assis, 1974, v. 2, p. 605). Assim se inicia um dos famosos contos de Machado de Assis, "A Missa do Galo", um dos cerca de trezentos contos que ele escreveu.

Na verdade, nem ele, nem nós conseguimos ir até o final das conjeturas, para chegarmos a uma conclusão sobre o que realmente aconteceu naquela noite, entre o sr. Nogueira e d. Conceição, na sala, enquanto o sr. Nogueira esperava a hora da Missa do Galo.

Porque os contos de Machado traduzem perspicazes compreensões da natureza humana, desde as mais sádicas às mais benévolas, porém nunca ingênuas. Aparecem motivadas por um interesse próprio, mais ou menos sórdido, mais ou menos desculpável. Mas é sempre um comportamento duvidoso, que nunca é totalmente desvendado nos seus recônditos segredos e intenções.

O modo pelo qual o contista Machado representa a realidade traz consigo a sutileza em relação ao não dito, que abre para as ambiguidades, em que vários sentidos dialogam entre si. Portanto, nos seus contos, paralelamente ao que *acontece*, *há* sempre o que *parece estar acontecendo*. E nunca chegamos a ter certeza a respeito do que ali se sugere. Afinal, o que acontece mesmo? Qual é a história? E como acontece? Ou qual é o enredo? A montagem se faz a partir dos gestos, olhares, cochichos e entrelinhas. Transforma-se numa *questão* para o leitor, que às vezes irá atormentá-lo pelo resto da sua vida.

A leitura dos seus contos caminha nesse auscultar outra e sempre outra significação sugerida pela ironia fina e implacável – como a que constrói a atmosfera da espera, na sala da casa do Rio de Janeiro, enquanto o sr. Nogueira aguarda a hora da Missa do Galo. Ele e ela, ali. Afinal, ele tinha ficado no Rio até o Natal para ver "a Missa do Galo na Corte". Teria sido apenas para isso?

Pelo menos é o que parece, desde a primeira parte do conto: uma apresentação das personagens, das razões de ali se encontrarem, usando, para isso, o *flashback* – a volta a um passado – para explicitar este presente. As *causas* vão surgindo naturalmente, mas também *como se não o fossem,* isto é, vão surgindo como se pudessem ser motivos razoáveis para o *enlevo* amoroso que se desenvolve no decorrer da espera da missa. D. Conceição é a esposa conformada com o marido, que "trazia amores com uma senhora, separada do marido, e dormia fora de casa uma vez por semana". E o sr. Nogueira, enquanto espera (a hora da missa, naturalmente), lê romances do A. Dumas, *Os três mosqueteiros*, até ficar "ébrio de Dumas", a tal ponto que quando d. Conceição entra na sala, "tinha um ar de visão romântica, não desbaratada com o meu livro de aventuras".

Nessa segunda parte do conto, em que o *par* se encontra, a conversa gira em torno de romances, e depois sobre

110

mulheres... vulgares e santas. E d. Conceição era boa. O sr. Nogueira – narrador – faz questão de repetir com certa impaciência, como se para se certificar, ele mesmo, do que diz: "Já disse que ela era boa, muito boa".

E há os gestos de d. Conceição, os olhares, sempre fixos nele, a inquietação, os braços, os dentes brancos, o nariz, a proximidade, os cochichos, as mudanças de lugar para mais perto dele, o devaneio, a sonolência... E, sobretudo, o diálogo. Não propriamente o que se diz. Essa interlocução obscura parece ser mais o pretexto para encobrir, disfarçar ou dissimular o que acontece por detrás, ou além disto: o diálogo de tensões.

No final da espera, aumenta-se a expectativa: "queria e não queria acabar a conversação", afirma o sr. Nogueira. E ainda: "Há impressões dessa noite, que me aparecem truncadas ou confusas. Contradigo-me, atrapalho-me. Uma das que ainda tenho frescas é que, em certa ocasião, ela, que era apenas simpática, ficou linda, lindíssima".

Na terceira parte, após o clímax da tensão, as coisas voltam aos seus lugares. E quais são eles? Ele, para a missa. Ela, em casa. E mais tarde: ele viaja e volta ao Rio. Ela fica viúva e se casa de novo: "Ouvi dizer que casara com o escrevente juramentado do marido".

Entre o nível das *boas intenções,* aliás, reiteradas, e o das outras, as segundas intenções, sugeridas, há um intervalo em que reside o *sentido* do conto. Pois esse intervalo tende a ser desfeito, a cada detalhe. Mas, ao contrário, a cada detalhe ele mais se amplia e se desdobra. Sabemos e não sabemos dos limites entre essas intenções. Permanece a dúvida, em vibração, na periclitância. "A perspectiva de Machado é a da contradição que se despista, o terrorista que se finge de diplomata", afirma Alfredo Bosi (1982, p. 457).

Machado tem esse dom de fisgar o leitor pela *intriga* bem arquitetada, *intrigando-o* com questões não resolvidas. Porque nenhum deles, ele ou ela, cede ao impulso instintivo da atração mútua. Ele quer conhecer a *corte*. Ela tem o marido - este, depois outro.

A *armadilha* construída pelo autor pela via de um narrador para fisgar o seu leitor aparece também em textos de Machado *sobre* o conto. Na "Advertência" ao volume *Papéis avulsos*, ele afirma reunir ali apenas papéis avulsos. "Mas a verdade é essa, sem ser bem essa", diz ele. E complementa: os contos têm certo parentesco entre eles.

Veja-se outro exemplo nessa mesma "Advertência". Sobre os contos, afirma ele, "não sei que diga que não seja inútil". Mas acaba sempre dizendo coisas. Cita, por exemplo, Diderot, para quem, ao escrever um conto, "o espírito fica alegre, o tempo escoa-se e o conto da vida acaba, sem a gente dar por isso". Realmente, ele não quer dizer e diz. E mais: realmente, é isso, dito por Diderot, que acontece quando se lê um conto. Mas será que é só isso que Machado quer dizer? Não estaria ele pensando que a realidade *castiga* essa fuga ilusória do real? Tal qual surpreendeu o personagem de "A cartomante", que acaba sendo surpreendido e assassinado pelo marido da sua amante? E que, nesse caso, todo conto tenderia a ser um "conto do vigário"? Realmente, a verdade é essa. Sem ser bem essa.

Talvez o segredo do conto resida no fato de promover o sequestro do leitor, prendendo-o num efeito que lhe permite a visão em conjunto da obra, desde que todos os elementos do conto sejam aí incorporados, almejando justamente a construção de um determinado *efeito* (Poe).

Nesse sequestro temporário existe uma força de tensão instaurada no sistema de relações entre elementos do conto, em que cada detalhe é significativo (Cortázar). O conto centra-se num conflito dramático, em que cada gesto e olhar são até mesmo teatralmente utilizados pelo narrador (E. Bowen). Não lhe falta a construção simétrica, de um episódio, num espaço determinado (B. Matthews). Trata-se de um *acidente* da vida cercado, neste caso, de um ligeiro *antes* e *depois* (J. Oiticica). De tal forma que essa *ação* parece ter sido mesmo criada para um conto, adaptando-se a esse gênero, e não a outro, por seu caráter de *contração* (N. Friedman). Eis um lado da questão teórica referente às características específicas do gênero conto. Eis um caso.

Mas, nesse *momento especial* de ações e reações mútuas entre o par amoroso, permanece uma zona velada, porque as personagens não explodem – ou não deixam explodir até o final – a sua intimidade. E esse já é outro lado da questão, que diz respeito à especificidade dos contos de Machado de Assis. Já é outro caso.

A leitura do conto transita entre esses dois percursos – tal qual a situação das personagens de Machado, que ficam entre os dois lados. Pairam entre lá e cá. E tal qual Machado se situa na história do conto: entre a tradição do conto de acontecimento e o moderno conto de acontecimentos interiores, que são mesmo indevassáveis na sua totalidade.

O que é *plano* do autor, do narrador, da personagem? O que é *disfarce?* Ficam as indagações. Não dá mesmo para se perceber os limites. Ou será que dá?

Cada conto, um caso

Porque cada conto traz um compromisso selado com sua origem: a da história. E com o modo de se contar a história: é uma forma breve. E com o modo pelo qual se constrói esse seu jeito de ser, economizando meios narrativos, mediante contração de impulsos, condensação de recursos, tensão das fibras do narrar.

Porque são assim construídos, tendem a causar uma *unidade de efeito*, a flagrar *momentos especiais* da vida, favorecendo a *simetria* no uso do repertório dos seus materiais de composição.

Além disso, são modos peculiares de uma época da história. E modos peculiares de um autor, que, desse e não de outro modo, organiza a sua história, como organiza outras, de outros modos, de outros gêneros. Como são também modos peculiares de uma face ou de uma fase da produção desse contista, num tempo determinado, num determinado país. Como são...

A sequência dos elos que motivam a ocorrência de um conto tende, também, ao desdobramento, em mil e uma contingências.

Não há como não nos lembrarmos aqui de Jorge Luis Borges, que *escreve/lê* as traduções de *Mil e uma noites* do capitão Burton, do doutor Mardrus, de Enno Littmann, que, por sua vez, *leram* outras versões, árabes, que, por sua vez, foram registradas a partir de outros e milenares contadores (Borges, 1971).

Se as noites em que se contavam os contos se desdobraram em mil e uma, tentando, assim, adiar a morte, parece que as tentativas de se buscar um elemento comum aos contos para além do *simples contar histórias*, que o liga a sua tradição antiga, tendem também a se desdobrar, tal qual sua antiga tradição, em quase tantas quantos são os contos que se contam.

O que faz também, de cada conto, um caso... teórico.

Bibliografia comentada

Bibliografias

Demers, J.; Gauvin, L.; Cambron, M. Quand le conte se constitue en objet(s). Bibliographie analytique et critique. *Littérature*. Les Contes. Oral/Écrit. Théorie/Pratique. Univ. de Montreal. v. 45, p. 79-113, fev. l963.
Bibliografia comentada de quase duzentos títulos, selecionados entre os cerca de 2.000 examinados.

Gomes, C. M. *O conto brasileiro e sua crítica*. Bibliografia (1941-1974). Rio de Janeiro: Biblioteca Nacional, 1977. 2 v.
Excelente levantamento bibliográfico num total de 5.253 referências.

May, C. E. (ed.). A selected, annotated, bibliography of the short story. *In*: *Short story theories* [1969]. 2. ed. Ohio: Ohio University Press, 1976. p. 226-251.
Uma extensa bibliografia comentada referente a vários estudos sobre contos.

Antologias

Bosi, A. (org.). *O conto brasileiro contemporâneo*. São Paulo: Cultrix, 1975. Com texto introdutório: "Situação e formas do conto brasileiro contemporâneo" (p. 7-22).

A antologia evidencia a multiplicidade de direções do conto brasileiro contemporâneo ou pós-modernista, o que aparece criticamente anunciado no texto introdutório.

Ferreira, A. B. H.; Rónai, P. (orgs.). *Mar de histórias*: antologia do conto mundial. Rio de Janeiro: Nova Fronteira, 1978 em diante. 6 v. (Com Prefácio dos autores: v. 1, p. 11-23).
Antologia reúne contos desde os mais antigos até os mais recentes, agrupados cronologicamente e segundo as civilizações de onde provêm, formando um substancioso e atraente painel da história do conto na literatura mundial.

Lima Sobrinho, B. *et al.* (orgs.) *Panorama do conto brasileiro.* Rio de Janeiro: Civilização Brasileira, 1959-1960. 11 v.
Os contos agrupam-se segundo as regiões do Brasil de onde provêm (Norte, Rio de Janeiro, Minas, São Paulo), segundo os *tipos* de conto (trágico, fantástico, feminino, da vida burocrática) e segundo sua *história* (os precursores do conto, os contos românticos).

Moriconi, I. (org.) *Os cem melhores contos brasileiros do século.* Rio de Janeiro: Objetiva, 2001.
O autor reúne contos de escritores que atuaram no campo das Letras ao longo do século XX.

Textos sobre o conto

Andrade, M. Contos e contistas (13/09/1938). *In*: *O empalhador de passarinho*. 3. ed. São Paulo; Brasília: Martins; INL, 1972. p. 5-8.
O ensaio, escrito a propósito de uma pesquisa da *Revista Acadêmica* que procurava determinar os dez melhores contos brasileiros, discute a questão do gênero.

Bates, H. E. *The modern short story: a critical survey* (1941). Londres: Thomas Nelson and Sons, 1941.
Após considerações gerais e introdutórias sobre o conto, Bates detém-se no exame de contistas modernos mais significativos.

Bremond, C. A lógica dos possíveis narrativos. *In*: Bremond, C. *et. al. Análise estrutural da narrativa*. Petrópolis: Vozes, 1972. p. 109-135.

O autor reduz as *funções* de Vladimir Propp e aplica-as à narrativa em geral. Outros textos dessa coletânea, embora não se refiram especificamente aos contos, fornecem elementos úteis para a sua análise.

Carpeaux, O. M. O acontecimento. *In*: *Vinte e cinco anos de literatura*. Rio de Janeiro: Civilização Brasileira, 1969. p. 174-179.

Nesse texto, escrito por ocasião da publicação dos *Contos de Tchekhov* com tradução e notas do professor Boris Schnaiderman, Carpeaux ressalta a importância do *acontecimento* nos contos de Tchekhov, negando a denominação de *contos sem enredo* ou *atmosféricos*.

Castagnino, R. H. *"Cuento-artefacto" y artificios del cuento*. Buenos Aires: Editorial Nova, 1977.

Bom material de informação sobre a história do conto, sobre a elaboração artística do conto e sobre os "artifícios" adequados à sua construção.

Chklovski, V. A construção da novela e do romance. *In*: Chklovski, Vi. *et al. Teoria da literatura*: *formalistas russos*. Porto Alegre: Globo, 1971. p. 205-226.

Analisa a *trama* da novela (e conto) e romance, determinando seus vários modos de combinação.

Cortázar, J. *Valise de Cronópio*. Tradução de Davi Arrigucci Júnior. São Paulo: Perspectiva, 1974.

Contém três excelentes textos sobre o conto, a saber: "Alguns aspectos do conto" (p. 147-166). Nessa conferência feita aos cubanos em 1963, o crítico trata de questões referentes aos contos de autores cubanos e a demais contos, objetivando acompanhar o *processo* da criação, discutir a *peculiaridade* dos contos e questionar o caráter *revolucionário* dos escritores. No ensaio "Do conto breve e seus arredores" (p. 227-237), Julio

Cortázar parte de uma afirmação de Quiroga, discute a esfericidade do conto, suas relações com a poesia e prosa, além de tecer considerações sobre o conto fantástico. O texto "Poe: o poeta, o narrador e o crítico" (p. 103-146), também de interesse para o estudo do conto, examina, de forma conscienciosa e entusiasmada, a obra de Poe.

Current-García, E.; Patrick, W. R. (eds.). *What is the short story?* [1961]. 2. ed. Glenview, IL; Brighton: Scott; Foresman and Company, 1974.

Ensaios sobre o conto, reunindo os que propõem definições (Poe, Tchekhov, H. James, B. Matthews, entre outros), os que são contra definições e regras (texto anônimo sobre B. Matthews, trechos de H. S. Canby, Sherwood Anderson, Ring Lardner, William Saroyan) e os que tratam das novas direções do conto moderno (Katherine Anne Porter, Frank O'Connor, Joyce Carol Oates, entre outros). Contém antologia de contos.

Desta coletânea, foram mencionados neste livro os seguintes autores:

Anderson, S. Form, not plot. p. 70-74.

Anônimo. Review of Mathews' "Philosophy of short-story". p. 48-50.

Canby, H. S. Free fiction. p. 39-43.

Mathews, B. The philosophy of the short-story. p. 33-38 (este texto foi também publicado em: May, C. E. (ed.). *Short Story Theories*. [1969]. 2. ed. Ohio: Ohio University Press, 1976. p. 52-59).

Oates, J. C. The short story. p. 138-139.

Saroyan, W. What is a story? p. 79-81.

Curso de conto. Conferências realizadas na Academia Brasileira de Letras. Rio de Janeiro: Tupy Editora, 1958.

Os textos das várias conferências foram pronunciados num curso de contos realizado na Academia Brasileira de Letras, de 1952 a 1956. O volume inclui, entre outros:

Barroso, G. O conto popular. p. 89-108.

Lima, A. A. A evolução do conto no Brasil. p. 11-38.

Lima Sobrinho, B. O conto urbano no Brasil. p. 61-87.

Eikhenbaum, B. O. Henry and the theory of the short story. *In*: Matejka, L.; Pomorska, K. (eds.). *Readings in Russian formalist and structuralist views*. Ann Arbor, MI: Slavic Publications; University of Michigan, 1978. p. 227-270. (O capítulo II, do mesmo autor, tem tradução em português: "Sobre a teoria da prosa". *In*: Chklovski, V. *et al. Teoria da Literatura: formalistas russos*. Porto Alegre: Globo, 1971. p. 157-168.)

Análise do contista norte-americano O. Henry, com conclusões sobre o conto americano em geral e sobre as especificidades da novela (conto) e romance.

Jolles, A. *Formas simples*. Tradução de Álvaro Cabral. São Paulo: Cultrix, 1976.

Examina o conto enquanto uma *forma simples*, ao lado de outras formas simples (legenda, saga, mito, adivinha, ditado, caso, memorável, chiste) e diferenciando-os da *forma artística*.

Kenyon Review International Symposium of The Short Story. Part I, Issue 4, 1968, p. 443-490. Part II, 31, Issue I, 1969, p. 58-94. Part III, 31, Issue 4, 1969, p. 450-502. Part IV, Issue I, 1970, p. 78-108.

Estudiosos de diversos países discutem problemas referentes a definições de gênero, relações escritor/editor, panoramas de situação do conto nos seus respectivos países de origem.

Lancelotti, M. A. *De Poe a Kafka: para una teoría del cuento*. [1965]. 2. ed. Buenos Aires: Eudeba Editorial Universitaria de Buenos Aires, 1968. (Colección Ensayos).

Concisa e inteligente abordagem do conto, a obra discute a questão da *temporalidade*, a partir da qual desenvolve a leitura de Poe e de Kafka.

Lima, H. *Variações sobre o conto*. Rio de Janeiro: MEC; Serviço de Documentação, 1952.

Obra elucidativa que comenta definições de conto de vários autores, determina tipos de conto, trata da evolução do conto em geral, detendo-se na evolução do conto brasileiro.

Ver também do mesmo autor:

O *conto*. Salvador: Livraria Progresso; Universidade da Bahia, 1958.

Evolução do conto. *In*: Coutinho, A. (org.) *A literatura no Brasil*. 2. ed. Rio de Janeiro: Sul Americana, 1971. v. 6. p. 39-56.

Magalhães Júnior, R. *A arte do conto*: sua história, seus gêneros, sua técnica, seus mestres. Rio de Janeiro: Bloch, 1972.

Trata-se, sobretudo, de uma apresentação de vários *gêneros* de contos, tais como o conto em verso, o moral, o epistolar, o policial, o satírico.

May, C. E. (ed.). *Short story theories* [1969]. 2. ed. Ohio: Ohio University Press, 1976.

Ensaios sobre o conto desenvolvidos por 24 escritores e críticos, desde Edgar Allan Poe (1842), até o próprio Charles May (1976).

Desta coletânea, foram mencionados neste livro os seguintes textos (com exceção do texto do Poe, que aparece no item Poe, Edgar Allan, nesta bibliografia):

Bader, A. L. The structure of modern short story. p. 107-115.

Bates, H. E. The modern short story: retrospect. p. 72-79.

Bowen, E. The faber book of modern short stories. p. 116-130. (Faber book refere-se a uma coleção publicada pela editora Faber&Faber.)

Esenwein, J. Berg. *Writing the short-story.* A practical handbook on the rise, structure, writing and sale of the modern short-story. p. 229.

Friedman, N. What makes a short story short? p. 131-146.

Gordimer, N. The flash of fireflies. p. 178-181.

Grabo, C. H. The art of the short story. p. 229.

Gullason, T A. The short story: An underrated art. p. 13-31.

Janeway, E. Is the short story necessary? p. 94-102.

Matthews, B. The philosophy of short-story. p. 52-58.

Stroud, T. A. A critical approach to the short story. p. 116-130.

Welty, E. The reading and writing of short story. p. 159-167.

Méletinski, E. *Estudio estructural y tipológico del cuento*. Buenos Aires: Rodolfo Alonso ed., 1972.

Exame consciencioso da repercussão da obra de Propp, por meio das traduções de seus textos em outras línguas e das críticas e influências que suscitou.

Mora, G. *En torno al cuento*: de la teoria general y de su práctica en hispanoamerica. Madrid: Ediciones José Porrúa Turanzas, 1985.

Numa primeira parte, a obra examina a questão teórica com base nas propostas de Edgar Allan Poe e na crítica hispano-americana; discute também conceitos de "história" e "discurso" segundo novas correntes críticas. Numa segunda parte, detém-se na leitura analítica e crítica de contistas hispano-americanos.

O'Connor, F. *The lonely voice: a study of the short story* [1963]. London: Macmillan, 1963.

Trata de vários tópicos referentes ao conto, defendendo basicamente o conto moderno como produto de uma *voz solitária*.

O'Faolain, S. *The short story* [1948]. 3. ed. Bristol: Mercier Press, 1972.

Esta obra do contista e professor de Literatura trata da questão técnica do conto e faz leituras de A. Daudet, G. de Maupassant e A. Tchekhov.

Olmil, A.; Piérola, R. A. *El cuento y sus claves*. Buenos Aires: Editorial Nova, 1967.

Definição do conto, sua relação com outras formas *próximas*, evolução do conto, desde suas primeiras manifestações até o moderno conto argentino.

Piglia, R. *Formas breves*. Tradução de José Marcos Mariani de Macedo. São Paulo: Companhia das Letras, 2004.

O volume inclui "Teses sobre o conto" (p. 87-94) e "Novas teses sobre o conto" (p. 95-114), em que defende a proposta, entre outras, de que um conto conta sempre duas histórias: uma aparente, outra secreta. (O primeiro artigo, "Teses sobre o conto", aparece também publicado em: *O laboratório do escritor*. Tradução de Josely Vianna Baptista. São Paulo: Iluminuras, 1994. p. 37-41. E os dois textos mencionados anteriormente foram publicados em espanhol: *Formas breves*. Buenos Aires: Temas Grupo Editorial, 1999.)

Poe, E. A. Review of *Twice-Told Tales* [1842]. *In*: May, C. E. (ed.). *Short story theories* [1969]. 2. ed. Ohio: Ohio University Press, 1976. p. 45-52.

Texto fundamental para o estudo do conto, em que E. A. Poe desenvolve uma teoria baseada no princípio da *unidade de efeito*.

Poe, E. A. The Philosophy of Composition [1846]. *In*: Bode, C.; Howard, L.; Wright, L. B. (eds.). *American literature* [1966]. 4. ed. New York: Washington Square Press, 1973, v. II. "The first part of the XIXth century" (p. 86-98). (Tradução para o português: Filosofia da composição. *In*: Poe, E. A. *Poemas e ensaios*. Tradução de Oscar Mendes e Milton Amado. Poe, Edgar Allan. *Ficção completa, poesia* e *ensaios*. Organização, tradução e notas de Oscar Mendes, em colaboração com Milton Amado. Rio de Janeiro: Globo, 1985, p. 101-112.)

O ensaio reitera a teoria da *unidade de efeito* e os modos adequados de se conseguir tal unidade explicitando o processo consciente de composição.

Poe, E. A. The writing – Nathaniel Hawthorne [1847]. *In*: Current-García, E.; Patrick, W. R. *What is the short story?* p. 11-15. (Tradução para o português: Os contos de Hawthorne. *In*: Van Nostrand, A. D. [org.]. *Antologia de crítica literária*. Tradução de Márcio Cotrim. Rio de Janeiro: Lidador, 1968, p. 45-53.)

Nesse trabalho, Poe discute a originalidade, peculiaridade e popularidade do contista norte-americano Nathaniel Hawthorne.

Propp, V. *Morfologia do conto*. Tradução de Jaime Ferreira e Vitor Oliveira. Lisboa: Editorial Vega, 1978.

A partir da descrição de contos populares russos, Propp determina sua estrutura, formada por funções constantes, e chega, assim, a uma definição do conto maravilhoso. Essa edição inclui também: "As transformações dos contos fantásticos" (p. 201-232) e "Euguéni Meletinski, o estudo estrutural e tipológico do conto" (p. 233-286).

Propp, V. As transformações dos contos fantásticos. *In*: Chklovski, V. *et al*. *Teoria da literatura*: *formalistas russos*. Tradução de Ana M. R. Filipouski, Mariza A. Pereira, Regina L. Zilberman, Antônio C. Hohlfeldt. Porto Alegre: Globo, 1971.
O ensaio examina as mudanças ou transformações das formas fundamentais dos contos maravilhosos.

Propp, V. *Las raices historicas del cuento* [1946]. Caracas; Madrid: Fundamentos, 1972.
Já havendo determinado a morfologia do conto e suas transformações, a obra examina exaustivamente suas origens ou suas fontes.

Quiroga, H. *Sobre literatura*. Obras inéditas y desconocidas. Montevidéu: Area, 1970, v. 7.
Esse volume traz vários textos de Quiroga sobre o conto: "El manual del perfecto cuentista" (p. 60-65); "Los trucs del perfecto cuentista" (p. 65-69); "Decálogo del perfecto cuentista" (p. 86-88); "La crisis del cuento nacional" (p. 92-96); "La retórica del cuento" (p. 114-117); "El cuento norteamericano" (p. 126-128). Além desses, em que o contista uruguaio discute sempre com muita ironia problemas de teoria e história do conto, há também "Sobre *El Ombu*, de Hudson" (p. 122-126), que trata da questão da tradução de contos; e "Cadáveres frescos" (p. 130-134), sobre a construção de dois contos seus.

Reid, I. *The short story*. London: Methuen & Co., 1977.
Obra sucinta e objetiva, que trata da definição e da história do conto, das formas afins, das suas qualidades essenciais enquanto gênero.

Rodrigues, A. D. Prefácio à edição portuguesa. *In*: Propp, V. *Morfologia do conto*. Tradução de Jaime Ferreira e Vítor Oliveira. 2. ed. Lisboa: Vega, 1983. p. 7-32.

Schnaiderman, B. Por falar em conto. *O Estado de S. Paulo*, 7 nov. 1971. [Suplemento].
O texto discute, entre outros tópicos, como os contos russos de Tchekhov e de outros autores se afastam dos padrões, num alerta às múltiplas possibilidades de realização que o gênero oferece.

Tchekhov, A. *Letters on the short story, the drama, and other literary topics*. Seleção e edição de Louis S. Friedland. New York: Dover Publications, 1966.
Farta correspondência com vários escritores e amigos, em que discorre sobre o conto, o teatro e a literatura em geral, formando um painel de questões teóricas, ainda que de forma não sistemática. Tais cartas foram traduzidas por Sophia Angelides e publicadas em: *Carta e literatura. A correspondência entre Tchekhov e Górki* (Dissertação [Mestrado] – Universidade de São Paulo, São Paulo, 1979); e em livro, com o mesmo título, em São Paulo, pela Edusp, em 2001.

Williams, W. C. *A beginning on the short story: notes*. Yonkers, New York: The Alicat Bookshop Press, 1950. (Ver comentários inseridos em extensa bibliografia registrada em: Charles E. May. (ed.). *Short Story Theories*. [1969]. 2. ed. Ohio: Ohio University Press, 1976, p. 232.)

Textos complementares

Amoroso Lima, A. A evolução do conto no Brasil. *In*: *Curso de conto*. Conferências realizadas na Academia Brasileira de Letras. Rio de Janeiro: Tupy editora, 1958. p. 11-38.

Andrade, M. de. Vestida de preto. *In*: *Contos novos*. 7. ed. São Paulo: Martins, 1976. p. 7-16.

Araripe Júnior, T. A. A Semana. Rio de Janeiro, 1894. *In*: Lima, H. *Variações sobre o conto*. Salvador: Livraria Progresso; Universidade da Bahia, 1958. p. 41.

Arlt, R. *Os lança-chamas*. Tradução, apresentação e cronologia: Maria Paula Gurgel Ribeiro. Posfácio: Luis Gusmán. 2. ed. São Paulo: Iluminuras, 2020.

Arrigucci Júnior, D. *O escorpião encalacrado*. São Paulo: Perspectiva, 1974.

Aulete, C. Estória [verbete]. *Dicionário contemporâneo da língua portuguesa*. v. 2. 5. ed. Rio de Janeiro: Editora Delta, 1970. p. 1458.

Barthes, R. Introdução à análise estrutural da narrativa. *In*. Barthes, R. *et al. Análise estrutural da narrativa*. Tradução de Maria Zélia Barbosa Pinto. 2. ed. Petrópolis: Vozes, 1972. p. 18-58.

Borges, J. L. A forma da espada. *In*: *Artifícios*. Tradução de Sérgio Molina, Josely Vianna Baptista, Leonor Scliar-Cabral, Nelson Ascher, Carlos Nejar, Alfredo Jacques e Hermilo Borba Filho. São Paulo: Globo, 1991. p. 547-551. (*Obras completas*, v. I [1923-1949]).

Borges, J. L. Los traductores de las l00l noches. *In*: *Historia de la eternidad* [1953]. Buenos Aires: Alianza Editorial, 1971. p. 105-138.

Bosi, A. A máscara e a fenda. *In*: Bosi, A.; Garbuglio, J. C.; Curvello, M.; Facioli, V. (orgs.) *Machado de Assis. Antologia & Estudos*. São Paulo: Ática, 1982. p. 437-457. [Coleção Escritores Brasileiros].

Carone, M. Um espólio de alto valor. *In*: Kafka, F. *Narrativas do espólio* (1914-1924). Tradução e posfácio de Modesto Carone. São Paulo: Companhia das Letras, 2002. p. 215-222.

Chnaiderman, B. Por falar em conto. *O Estado de S. Paulo*, 7 nov. 1971. [Suplemento].

Cortázar, J. Casa tomada. *In: Bestiário* [1951]. Tradução de Remy Filho. 2. ed. Rio de Janeiro: Expressão e Cultura, 1971. p. 11-18.

Eikhenbaum, B. Sobre a teoria da prosa. *In:* Chklovski, V. *et al. Teoria da Literatura*. Formalistas russos. Tradução de Ana M. R. Filipouski, Mariza A. Pereira, Regina L. Zilberman, Antônio C. Hohlfeldt. Rio de Janeiro: Globo, 1971. p. 157-168.

Greimas, A. J. *Semântica estrutural* [1966]. Tradução de Haquira Osakabe e Izidoro Blikstein. São Paulo: Cultrix, 1973.

Kafka, F. À noite. *In: Narrativas do espólio* (1914-1924). Tradução e posfácio de Modesto Carone. São Paulo: Companhia das Letras, 2002. p. 114.

Lévi-Strauss, C. *Antropologia estrutural* [1958]. Tradução de Chaim Samuel Katz e Eginardo Pires. Rio de Janeiro: Tempo Brasileiro, 1967.

Lispector, C. *A descoberta do mundo* [Crônicas]. Rio de Janeiro: Nova Fronteira, 1984.

Lispector, C. A vez de missionária. *In: A legião estrangeira* [Contos e crônicas]. Rio de Janeiro: Editora do Autor, 1964. p. 138.

Lispector, C. Amor. *In: Alguns contos*. Rio de Janeiro: Ministério da Educação e Saúde/Divisão de Documentação, 1952. p. 29-41.

Lispector, C. Amor [1952]. *In: Laços de família*. Rio de Janeiro: Livraria Francisco Alves, 1960. p. 21-33.

Lope de Vega, F. *Novelas a Marcia Leonarda*. Biblioteca Nueva: Madrid, 2003. p. 73.

Machado de Assis, J. M. Instinto de nacionalidade. *In: Obra completa. Poesia, crítica, crônica, epistolário, apêndice*. Org. Afrânio Coutinho. 3. ed. Rio de Janeiro: Aguilar, 1973. v. 3. p. 801-809.

Machado de Assis, J. M. Missa do Galo. *In: Obra completa. Conto e teatro*. Org. Afrânio Coutinho. 3. ed. Rio de Janeiro: Aguilar, 1974. v. 2. p. 605-611.

Machado de Assis, J. M. *Obra completa: conto e teatro.* Org. Afrânio Coutinho. Rio de Janeiro: Aguilar, 1974. v. 2.

Maupassant, G. de. Dois amigos. *In*: Ferreira, A. B. H.; Rónai. P. (orgs.). *Mar de histórias. Antologia do conto mundial.* Tradução de Aurélio Buarque de Holanda Ferreira e Paulo Rónai. 2. ed. Rio de Janeiro: Nova Fronteira, 1981. v. 4. p. 267-274.

Poe, E. A. Os crimes da rua Morgue. *In*: *Contos*. Tradução de Oscar Mendes. Rio de Janeiro: Editora Três, 1974. p. 128-154.

Rosenfeld, A. Reflexões sobre o romance moderno. *In*: Coutinho, C. N.; Neto, J. P. *Texto e contexto.* Tradução de Carlos Nelson Coutinho e José Paulo Neto. São Paulo: Perspectiva, 1973. p. 75-97.

Sá, O. de. *A escritura de Clarice Lispector.* Petrópolis: Vozes; Lorena, SP: FATEA, 1979.

Tchekhov, A. Angústia. *In*: Ferreira, A. B. H.; Rónai. P. (orgs.). *Mar de histórias.* Antologia do conto mundial. v. 5: Realismo. Tradução de Aurélio Buarque de Holanda Ferreira e Paulo Rónai. 2. ed. Rio de Janeiro: Nova Fronteira, 1981. p. 109-114.

Tomachevski, B. Temática. *In*: Eikhenbaum, B. *et al. Teoria da literatura: formalistas russos.* Tradução de Aurélio Buarque de Holanda Ferreira e Paulo Rónai. Porto Alegre: Globo, 1971. p. 169-204.

Williams, W. C. *A beginning on the short story: notes.* Yonkers, New York: The Alicat Bookshop Press, 1950.

Woolf, V. The Russian point of view. *In*: *The Common Reader* [1925]. Nova York; Londres: Harcourt Brace Jovanovich, 1953. p. 177-187.

Vocabulário crítico

Ação: atos praticados por um sujeito, ou atitudes e caracteres que, em conjunto, compõem o enredo; esse *agir*, *fazer* ou *acontecer* se desenvolve em processo, organizando-se numa sequência, que compõe a *linha de ação*; se a ação é forte e predominante entre outros elementos de construção do conto, este é chamado *conto de ação*.

Acidente (ou *incidente*): acontecimento casual; episódio; uma parte da vida que adquire realce no conto e em torno do qual o conto se desenvolve.

Anedota: relato curto, com final surpreendente e de caráter humorístico ou engraçado.

Argumento: resumo ou síntese da ação ou do que acontece; fábula.

Clímax: momento decisivo do enredo, em que se atinge o ponto máximo da tensão (conflito) e que traz ou anuncia o desfecho ou resolução do conflito.

Conflito: relação mais ou menos tensa de luta entre personagens ou entre personagens e outra força, como a social, por exemplo; uma *instabilidade* entre estas forças, sob a forma de um desequilíbrio, que pode estar, por exemplo, numa situação de não correspondência amorosa ou num ato de injustiça social; o conflito pode ir aumentando até o seu ponto máximo, o clímax; resolve-se – ou se desfaz – no *desenlace*, e a esse último se segue uma parte final da narrativa, o *epílogo*.

Desfecho: desenlace; *denouement* (fr.); resolução do conflito. Pode ser seguido de *epílogo*.

Enredo: *como* a história é contada; encadeamento dos episódios conforme eles aparecem organizados na narrativa; intriga, trama; *plot* (ingl.), *sujet* (fr.).

Epifania: revelação súbita do que é um objeto, após haver apreendido o objeto na relação entre suas partes e na relação com outros objetos (Joyce).

Epílogo: parte final da narrativa, o que se narra depois do desfecho ou resolução do conflito.

Estória: narrativas populares, tradicionais, "causos".

História: o que se conta numa narrativa e que pode ser recontado, recompondo-se os fatos numa sequência cronológica, sem a preocupação de obedecer à ordem que tais acontecimentos ocupam na narrativa; fábula.

Fábula: o que é contado (referindo-se a relatos populares, tradicionais) ou *história* (referindo-se a demais relatos, inclusive os ficcionais); "conjunto de acontecimentos ligados entre si que nos são comunicados no decorrer da obra" (Boris Tomachevski). E: história curta, cujos personagens são animais, vegetais ou minerais, e que tem objetivo moral.

Mito: enredo ou trama (Aristóteles). E: narrativa simbólica na qual se instaura o equilíbrio de valores espirituais ou sociais em que cada um possa se situar e que fornece uma interpretação da existência (Bernard Dupriez).

Plano: disposição das partes de uma obra; projeto, desígnio (*design*), intenção.

Regra das três unidades: princípio que consiste em manter numa peça uma só ação, um só lugar e um tempo (um dia).

Simetria: regularidade no plano ou estrutura de uma obra, causada, por exemplo, pelo uso de um só elemento: um só episódio, espaço, ou outro elemento de construção da narrativa.

Sketch (ingl.): texto em prosa curta, de caráter descritivo, que representa como é ou está alguém ou alguma coisa; esboço, retrato, caracteres soltos e independentes; quadro ou peça dramática de caráter estático.

Suspense: técnica narrativa que consiste em "suspender" a ação, adiando o desfecho e, assim, instigando a tensão, ou o medo (contos de terror) ou a curiosidade do leitor.

Tensão: intensidade de força entre elementos de uma narrativa, que alimenta o conflito entre elementos, ou seja, que promove a situação de instabilidade numa narrativa, até a resolução do conflito ou o desfecho.

Trama: enredo, intriga; "o modo pelo qual as coisas que acontecem se organizam na narrativa" (Boris Tomachevski).

Unidade: organização das partes de um objeto num todo único, de forma a possibilitar a sua visão de conjunto; *unidade de efeito*: o efeito que causa no leitor um texto, se lido de uma só vez, sem conjunto da obra (Poe).

Yarn (ingl.): anedota, um único episódio que pode ter acontecido com alguém, contado em linguagem coloquial; história ou acontecimento breve, de caráter fantástico, do gênero "acredite se quiser".

Este livro foi composto com tipografia Adobe Garamond Pro e
impresso em papel Off-White 70 g/m² na Formato Artes Gráficas.